Der Corona Crash

Dokumentation und Analyse

Worauf man achten sollte.

Mit über 20 Tabellen

Klaus Normal

2. Auflage April 2020

Für eine erste Orientierung finden Sie hier einen groben Leitfaden für dieses Buch.

Die bedeutendsten Aktiencrashs vor dem Corona Crash.

Der bisherige Tiefpunkt beim Corona Crash.

Die Wirkung von Maßnahmenpaketen auf die Aktienbörsen im Corona Crash.

Cash ist King während des Corona Crash?

Unternehmen mit steigenden Aktienkursen im Corona Crash.

Wann steigen die Kurse der Börsenindices wieder?

Statistiken zu Bärenmärkten.

Muster des Corona Crashs und Erkenntnisse.

Das Impressum ist bei den Haftungsausschlüssen.

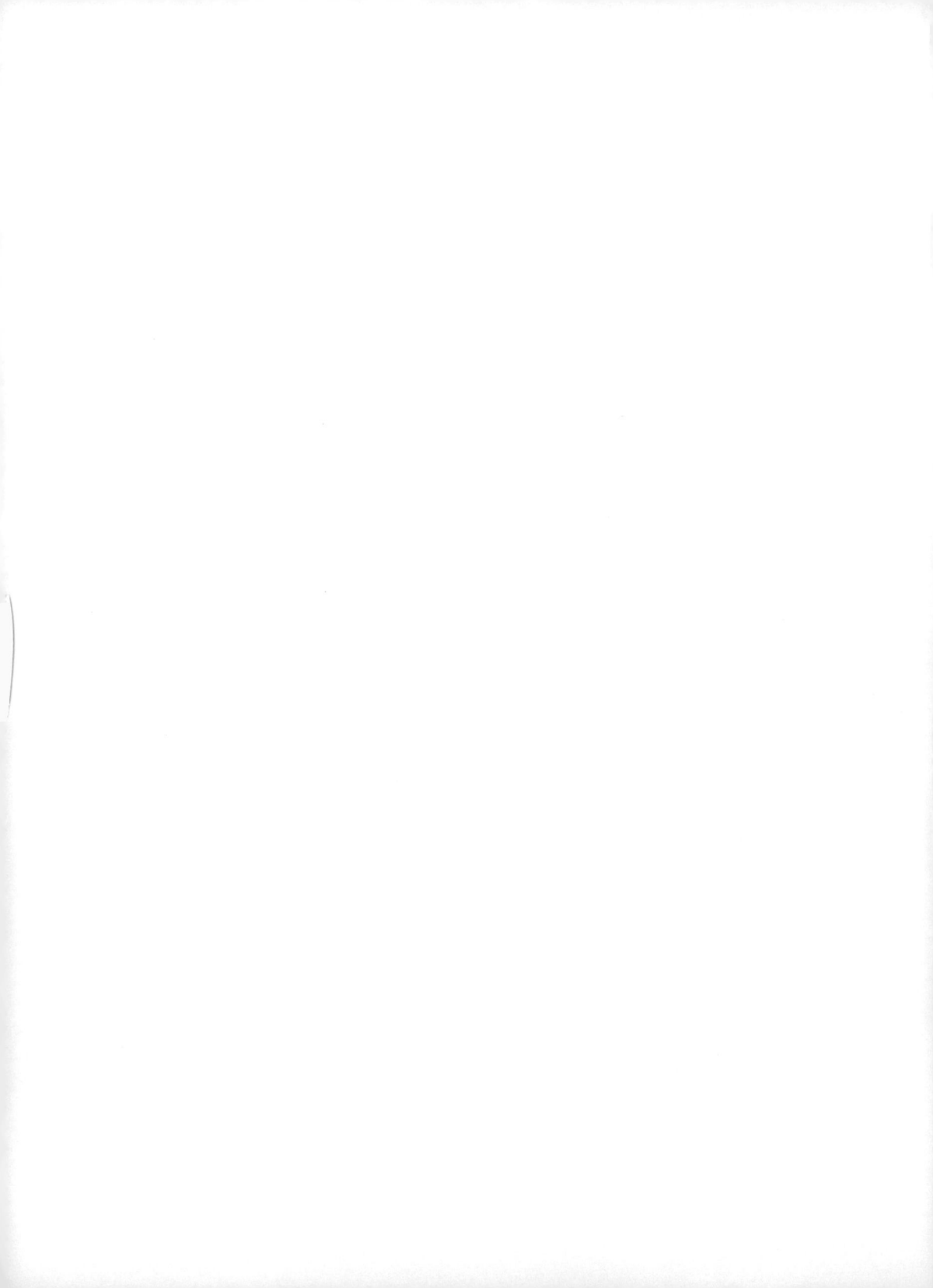

Inhaltsverzeichnis

I

Vorwort

Die in diesem Buch erwähnten Crashs sind so gewaltig, dass ich bei der Angabe von Aktien- und Börsenkursen die Zahlen hinter dem Komma weggelassen habe. Die Vorteile von ETFs werden in meinem Buch „Aktienspekulationen" erklärt.

Ansonsten erspare ich mir auf Grund der zeitnahen Berichterstattung über den Corona Crash ein Vorwort. Stattdessen komme ich lieber gleich zur Sache.

War beim Corona Crash eine Spekulationsblase geplatzt?

Eine Spekulationsblase erkennt man erst, wenn die Spekulationsblase platzt. Dies geschieht aber nur, wenn viele Experten und gewichtige Aktienspekulanten meinen, dass eine Spekulationsblase existiert. Es geht dabei also nicht in erster Linie um Fakten, sondern um Einschätzungen.

Nur weil einige Akteure meinen, dass eine Spekulationsblase vorliegt, platzt eine Spekulationsblase nicht. Oder anders ausgedrückt, es gibt dann keine Spekulationsblase.

Außerdem ist unklar, wie viel % Kursverlust bei einem Börsenindex notwendig sind, damit man von einer geplatzten Spekulationsblase reden kann.

Wenn wegen einer weltweiten Rezession die Aktienkurse in den Keller purzeln, dann habe sich die wirtschaftlichen Rahmenbedingungen verschlechtert. Die Aktienkurse können aber vor der Verschlechterung der wirtschaftlichen Rahmenbedingungen angemessen gewesen sein. Das Gleiche gilt bei plötzlich auftretenden Naturkatastrophen und Pandemien.

Ohne den Coronavirus hätte es den Corona Crash nicht gegeben. Folglich war beim Corona Crash keine Spekulationsblase geplatzt.

Zudem ist nicht erkennbar, warum der Aktienspekulant sich mit der Frage beschäftigen sollte, ob eine Spekulationsblase vorliegt oder nicht vorliegt. Bevor die „Spekulationsblase" nicht platzt, erleidet er keine Kursverluste auf breiter Front. Kommt es zu Kursverlusten auf breiter Front, stellt sich die Frage nach der Ursache der Kursverluste. Würde der Aktienspekulant zu dem Ergebnis gelangen, dass eine Spekulationsblase vorlag, würde ihm diese Erkenntnis im Nachhinein herzlich wenig nützen. Die Kursverluste werden dadurch nicht beseitigt. Im Falle des Platzens einer Spekulationsblase helfen nur vorher gesetzte Stop-Loss-Orders (siehe mein Buch „Aktienspekulationen").

Folgt man dieser Meinung, ist es Zeitverschwendung sich darüber Gedanken zu machen, ob eine Spekulationsblase geplatzt ist. Man sollte dagegen seine volle Aufmerksamkeit der Frage widmen, wie man als Aktienspekulant von dem Corona-Crash profitieren kann. Dafür muss allerdings vorher der Corona-Crash analysiert werden. Damit fange ich jetzt an.

Die bedeutendsten Aktiencrashs vor dem Corona Crash

Da es sich um ein deutschsprachiges Buch handelt und ich in einem Aktiencrash dem Kauf eines ETFs empfehle, nehme ich als Bezugsgröße den DAX. Ich empfehle einen ETF, da bei einem Aktiencrash fasst alle Aktienkurse mehr oder weniger gleichzeitig abstürzen und sich erst später herausstellt, welche Kurse von welchen Aktien wieder schneller steigen als die Kurse von anderen Aktien.

Waren Buffet, soll einmal gesagt haben, dass man keine Aktien kaufen sollte, wenn man nicht psychisch einen Kursrückgang von 50 % ertragen kann. Selbst wenn Sie diese Empfehlung mental umsetzen können, müssen Sie manchmal noch größere Kursverluste aushalten können. Wie Sie gleich sehen werden, gab es Aktiencrashs, bei denen der DAX um mehr als 50 % abstürzte.

Der Corona Crash ist bisher Gott sei Dank der einzige Aktiencrash, der seine Ursache in einer Pandemie hat. Zwar gab es 2003/2004 die SARS Pandemie, aber deren Auswirkungen auf die Aktienbörsen waren von anderen Ereignissen überlagert und verzerrt (siehe unten).

Was bleibt, ist also die Möglichkeit den Corona Crash im Vergleich zu den Aktien Crashs große Ölkrise 1973/1974, Dotcom Blase und Finanzkrise 2008/2009 einzustufen.

Dieser Versuch wird jetzt im Folgenden unternommen.

Die große Ölkrise 1973/1974

Höchstkurs ist der höchste Kurs vor dem Aktiencrash.

	Tagesschlusskurs DAX	Tag
Höchstkurs	596	09.08.1972
Tiefstkurs	372	06.11.1974
neuer Höchstkurs	597	26.09.1978

Tabelle 1Die große Ölkrise 1973/1974

Die Ölkrise begann im Oktober 1973, als die OPEC ein Ölembargo verkündete. Das Ölembargo wurde im März 1974 beendet.

372 sind 62,41 % von 596 Punkten. So gerechnet ist das ein Kursverlust von 37,5 %! Das in einem Zeitraum von circa 2 Jahren und 3 Monaten.

Einen ETF auf den DAX gab es damals noch nicht. Dennoch kann man darauf hinweisen, dass es circa 6 Jahre und 1 Monat gedauert hatte, bis der alte Höchstkurs vom 9.8.1972 leicht übertroffen wurde.

1986 wurde übrigens in Deutschland der erste ETF von der Commerzbank CB German Index Fund Company ausgegeben.

Auf die kleine Ölkrise 1979/1980 gehe ich hier nicht ein. Da der maximale Kursverlust des DAX damals bei 22,46 % lag. Das ist mir für einen Vergleich mit dem Corona Crash zu wenig.

Die Dotcom-Blase und der zweite Irakkrieg

Höchstkurs ist der höchste Kurs vor dem Aktiencrash.

	Tagesschlusskurs DAX	Tag
Höchstkurs	8064	07.03.2000
Tiefstkurs	2202	12.03.2003
neuer Höchstkurs	8075	04.07.2007

Tabelle 2 Die Dotcom-Blase und der zweite Irakkrieg

Der zweite Irakkrieg, auch dritter Golfkrieg genannt, begann am 20. März 2003 und endete am 1. Mai 2003.

Wie Sie sehen, wurde der Tiefpunkt beim DAX während des zweiten Irakkrieges erreicht.

2002 Punkte sind 27,3 % von 8064 Punkten. So gerechnet ist das ein Kursverlust von 72,7 %! Das in einem Zeitraum von ziemlich genau 3 Jahren.

Natürlich ist es sehr unwahrscheinlich, dass jemand genau am 7. März 2003 einen ETF auf den DAX gekauft hatte und diesen ETF genau am 12.3.2003 verkauft hatte. Dennoch ist die Höhe des Kursverlustes fast schon unvorstellbar.

Die wenigen, die genau am 7. März 2003 einen ETF auf den DAX gekauft hatten, mussten dann ungefähr 7 Jahre und 1 Monat warten, bis der DAX das erste Mal über 8064 Punkten lag.

Aus Vereinfachungsgründen nenne ich fortan diesen Aktiencrash „Dotcom-Blase" und lasse die Erwähnung des zweiten Irakkriegs weg.

Die SARS Pandemie

SARS wanderte im Februar 2003 aus China aus. Im Mai 2004 erklärte die Weltgesundheitsorganisation die SARS Pandemie für beendet.

Als ich gelesen hatte, dass der DAX wegen SARS von November 2002 und März 2003 33 % verloren hatte, hielt ich es für sehr wahrscheinlich, dass der DAX wegen dem Coronavirus zeitweise mehr als 33 % verliert.

Schließlich gab es bei der SARS Pandemie „nur" rund 8.100 Infizierte weltweit. Da muss es beim Corona Crash noch tiefer runtergehen. Schließlich gab es zum Zeitpunkt dieser Aussage durch Covid-19 schon mehr als 10 Mal so viel Infizierte.

Ich sollte recht behalten, denn der DAX verlor bisher in der Spitze 47 % beim Corona Crash.

Doch hatte ich zu diesem Zeitpunkt nicht im Kopf, dass zeitgleich zur SARS Pandemie die Dotcom-Blase geplatzt war und der zweite Irakkrieg stattfand.

Ein schönes Beispiel für eine zutreffende Prognose auf der Basis eines schlecht ermittelten Sachverhaltes.

Höchstkurs ist der höchste Kurs vor dem Aktiencrash.

	Tagesschlusskurs DAX	Tag
Höchstkurs	8067	28.12.2007
Tiefstkurs	3666	06.03.2009
neuer Höchstkurs	8122	06.05.2013

Tabelle 3 Die Finanzkrise 2008/2009

3666 Punkte sind 45,4 % von 8067 Punkten. So gerechnet ist das ein Kursverlust von 54,6 %! Das in einem Zeitraum von etwa 2 Jahren und 2 Monaten.

Natürlich ist es sehr unwahrscheinlich, dass jemand genau am 28. Dezember 2007 einen ETF auf den DAX gekauft hatte und diesen ETF genau am 6.3.2009 verkauft hatte. Dennoch ist die Höhe des Kursverlustes gewaltig.

Die wenigen, die genau am 28. Dezember 2007 einen ETF auf den DAX gekauft hatten, mussten dann ungefähr 5 Jahre und 5 Monate warten, bis der DAX das erste Mal über 8067 Punkten lag.

Die bisherigen Tiefpunkte beim Corona Crash

Bevor ich die bisherigen Tiefpunkte vorstelle, zeige ich mit welcher Stetigkeit, die einzelnen Börsenindices bis zum 18. März nach unten rutschten. Nur an wenigen Tagen gab es Tagesgewinne.

Tagesbewegungen von mehr als 9 % sind in kursiver Schrift.

Tag	Dax	MDAX	Dow Jones	S&P 500	Nasdaq 100	Nikkei 225
20.02.2020	-0,91	-0,61	-0,44	-0,38	-0,94	0,34
21.02.2020	-0,62	-0,66	-0,78	-1,05	-1,88	-0,39
24.02.2020	-4,01	-3,79	-3,56	-3,35	-3,89	0
25.02.2020	-1,88	-2,04	-3,15	-3,03	-2,7	-3,34
26.02.2020	-0,12	-0,69	-0,46	-0,38	0,44	-0,79
27.02.2020	-3,19	-3,43	-4,42	-4,42	-4,93	-2,13
28.02.2020	-3,86	-3,17	-1,39	-0,82	0,01	-3,67
02.03.2020	-0,27	-0,07	5,09	4,6	4,92	0,95
03.03.2020	1,08	2,17	-2,94	-2,81	-3,19	-1,22
04.03.2020	1,19	0,75	4,53	4,22	4,13	0,08
05.03.2020	-1,51	-1,58	-3,58	-3,39	-3,1	1,09
06.03.2020	-3,37	-3,62	-0,98	-1,71	-1,63	-2,72
09.03.2020	-7,94	-6,7	-7,79	-7,6	-6,83	-5,07
10.03.2020	-1,41	-0,82	4,89	4,94	5,34	0,85
11.03.2020	-0,35	-1,15	-5,86	-4,89	-4,37	-2,27
12.03.2020	-12,24	-10,91	-9,99	-9,51	-9,27	-4,41
13.03.2020	0,77	0,44	9,39	9,29	10,07	-6,08
16.03.2020	-5,31	-5,07	-12,93	-11,98	-12,32	-2,46
17.03.2020	2,25	-1,43	5,2	6	6,46	0,06
18.03.2020	-5,56	-5,51	-6,3	-5,17	-4,7	-1,67

Tabelle 4 Die Entwicklung der Börsen in % bis zum 18. März 2020 beim Corona Crash in %

Bei keinem der o. g. Aktiencrashs fielen die Börsenkurse so schnell. Diese hohe Fallgeschwindigkeit hat sicher etwas mit der exponentiell zunehmenden Anzahl der Infizierten zu tun. Denn relevante Wirtschaftsdaten, die zu diesen Abstürzen hätten beitragen könnten, lagen in diesem Zeitraum nicht vor. Es ging einfach zu schnell.

Der Preis für die Rohölsorte Brent war dagegen schon im Januar 2020 um über 20 % eingebrochen. Die Aktienbörsen dagegen zeigten nicht nur

Beharrungstendenzen, sondern erklommen im Februar 2020 noch neue Höchststände. Es lässt sich übrigens öfters beobachten, dass der Preis für Brent viel schneller reagiert als die Börsenindices.

Selbst in Zeiten des Corona Crashs gibt es in den deutschsprachigen Medien kaum Information zum Nikkei 225 und zur Lage der Wirtschaft dort. Das ist fast schon ein Grund, keinen ETF auf den Nikkei 225 zu kaufen.

Der bisherige Tiefpunkt am 18. März* 2020 beim DAX und beim MDAX in absoluten Zahlen.

Tagesend- stand	Dax	MDAX	Dow Jones	S&P 500	Nasdaq 100	Nikkei 225
19.02.2020	13.789	29.355	29.348	3.386	9.719	23.401
18.03.2020	8.441	17.909	19.898	2.398	7.175	17.626
Summe Verlust in %	-38,78	-38,99	-32,20	-29,18	-26,18	-24,68

Tabelle 5 Tiefpunkt beim DAX und beim MDAX am 18. März 2020 beim Corona Crash

*18.591 Punkte am 23. März 2020 waren der Tiefstand beim Dow Jones. Ebenfalls am 23. März 2020 hatte der S&P 500 seinen Tiefpunkt mit 2.237 Punkten.

*Der Nasdaq 100 hatte seinen Tiefpunkt mit 6.994 Punkten erst am 20. März 2020.

*Während hingegen der Nikkei 225 seinen Tiefpunkt mit 16652 Punkten am 19. März 2020 hatte.

Bildet man den Tiefpunkt je Börsenindex an den verschiedenen Tagen in einer Tabelle ab, kann das so aussehen.

	Dax	MDAX	Dow Jones	S&P 500	Nasdaq 100	Nikkei 225
19.02.2020 Tagesend-stand	13.789	29.355	29.348	3.386	9.719	23.401
verschiedene Tage Tiefpunkt	8.441	17.909	18.591	2.237	6.994	16.552
Summe Verlust in %	**-38,78**	**-38,99**	**-36,65**	**-33,93**	**-28,04**	**-29,27**

Tabelle 6 Maximale Verluste in % der einzelnen Börsenindices beim Corona Crash

Wie Sie sehen, gleichen sich maximalen Verluste in % etwas an, wenn man die jeweiligen Tiefpunkte pro Börsenindex berücksichtigt.

Auseinanderdriften der deutschen und der US-amerikanischen Börsenindices

Wie aus der Tabelle „Maximale Verluste in % der einzelnen Börsenindices beim Corona Crash" zu ersehen ist, haben sich die US-amerikanischen Börsenindices besser geschlagen als die deutschen Börsenindices.

Auch wenn man die Kursentwicklungen der Börsenindices bis zum 6. April 2020 betrachtet, ist ein Auseinanderdriften klar zu erkennen.

Tagesendstand	Dax	MDAX	Dow Jones	S&P 500	Nasdaq 100
19.02.2020	13.789	29.355	29.348	3.386	9.719
06.04.2020	10.075	21.101	22.680	2.663	8.081
Summe Verlust in %	**-26,93**	**-28,43**	**-22,72**	**-21,35**	**-16,85**

Tabelle 7 Auseinanderdriften von deutschen und US-amerikanischen Börsenindices

Mittlerweile waren die USA das neue Epizentrum der Pandemie geworden. Das hatte aber bis dahin keinen negativen Einfluss auf die Entwicklung der US-amerikanischen Börsenindices.

Ich weiß nicht, wie es Ihnen geht, aber ich halte die Anzahl der infizierten Menschen im Augenblick für kein brauchbares Kriterium, um zu entscheiden, ob man Aktien kauft oder verkauft. Denn die ermittelte Anzahl der infizierten Menschen hängt zu stark davon ab, wie man testet.

Testet man so viele Menschen wie möglich in einem Land, führt das dazu, dass dieses Land mehr infizierte Menschen ausweist als ein Land, in dem Menschen nur auf Empfehlung des Hausarztes getestet werden. Hinzu kommt noch, dass es im Augenblick fast überall zu wenig Testkits gibt.

Die gemeldeten Zahlen der Infizierten sind somit stark vom Zufall abhängig und somit bestenfalls tendenziell.

Die USA sind ja nur deswegen erst seit einiger Zeit auf Platz 1 in der Tabelle bei

- https://www.worldometers.info/coronavirus/

, weil in den USA zu wenig getestet worden ist.

UK, dem ebenfalls nachgesagt wird, dass zu wenig getestet worden ist, ist im Augenblick auf Platz 8 in dieser Tabelle. Wäre der Hintergrund nicht so traurig, würde ich darauf wetten, dass UK in dieser Tabelle noch ein paar Plätze hochklettert.

Werden dann mal die Bewohner von Ghettos, Slums und No-go-areas mit den dortigen schlechten hygienischen Verhältnissen getestet, werden dann wahrscheinlich ganz andere Länder auf den vorderen Tabellenplätzen zu finden sein.

Zeichnet sich ab, dass alle Menschen eines Landes getestet werden können, wäre das ein starker, positiver Börsenimpuls.

Die Immunisierten und Nichtinfizierten könnten sofort wieder zur Arbeit geschickt werden. Die Nichtinfizierten wahrscheinlich auch dann, wenn noch kein Impfstoff für sie bereitsteht. Die Immunisierten und geimpften Nichtinfizierten könnten sich frei als Konsumenten bewegen, sogar zu touristischen Zwecken wieder verreisen.

Dann wäre die Anzahl der Infizierten für die Aktienbörsen von Bedeutung. De volkswirtschaftlichen Kosten für die Behandlung dieser Gruppe wären mindestens grob kalkulierbar.

Anhand der Daten bei der o. g. URL können Sie übrigens autark – also unabhängig von anderen Quellen – überprüfen, ob und in welchen Ländern es zu einer Eindämmung der Zahl der Infizierten gekommen ist. Dazu müssten Sie sich aber noch zusätzlich Notizen z. B. in Form eines Excel-Sheets machen. Denn diese Quelle weist für diesen Zweck keine Zeitreihen aus.

Wird eine Eindämmung der Zahl der Infizierten behauptet oder kommt es tatsächlich zu einer Eindämmung der Zahl der Infizierten in einem wirtschaftlich bedeutenden Land, wird die betroffene Aktienbörse sicher positiv reagieren. Denn das wäre der erste Lichtblick, auf den viele Anleger warten, so lange noch keine Antikörper-Sera und/oder ein Impfstoff zur Verfügung stehen.

Das Währungsrisiko beim USD

Sollten sich im Corona Crash die US-amerikanischen Börsenindizes auf Dauer besser halten als die deutschen Börsenindices, wäre zu überlegen, ob man nicht lieber einen ETF auf einen amerikanischen Börsenindex kauft als auf einen deutschen Börsenindex.

Das setzt natürlich auch voraus, dass man davon ausgeht, dass sich US-amerikanischen Börsenindizes mindestens so schnell und gut erholen wie die deutschen Börsenindices. Denn sonst können die bisherigen geringeren Kursverluste bei den US-amerikanischen Börsenindizes stark an Bedeutung verlieren.

Hinzu kommt noch das mit dem Kauf von ETFs auf amerikanische Börsenindices verbundene Währungsrisiko. Entweder nehmen Sie das Währungsrisiko in Kauf oder beauftragen Ihre Bank damit, das Währungsrisiko zu reduzieren.

Zumindest bei einem Vergleich von DAX und MDAX mit dem Nasdaq 100 wären Währungsverluste zu einem gewissen Grad verkraftbar gewesen.

Immerhin betrug die Differenz am 18. März 2020 und am 6. April 2020 bei den eben genannten Börsenindices zwischen 10 und 12 %.

Wer also einen ETF in USD auf den Nasdaq 100 gekauft hatte, hatte einen relativ großen Puffer für Währungsverluste.

Das Verhalten des US-Dollars im Corona Crash

Wie hat sich denn der Dollar bisher konkret im Corona Crash verhalten?

Trotz zweier massiver Zinssenkungen der FED am 3. März 2020 und am 16. März 2020 fiel der Euro im Verhältnis zum Dollar vom 13. März 2020 von circa 1,14 auf circa 1,07 am 20. März 2020.

Das letzte Mal, dass der Dollar im Bereich von 1,07 lag, war übrigens im Dezember 2016.

Am 27. März lag der Dollar bei ungefähr 1,10. Ein Schwindsuchtsanfall des Dollars sieht anders aus.

Letztendlich ist es natürlich Ihre Entscheidung, ob und welche ETFs Sie kaufen.

Eines ist klar: Bessert sich die Lage, wird der US-Dollar als Krisenwährung an Bedeutung verlieren. Das bedeutet, dass der Dollar im Verhältnis zum Euro schwächer wird. Zudem die US-Regierung kein Interesse an einem starken Dollar hat.

Mögliche Gründe für das Auseinanderdriften der deutschen und der US-amerikanischen Börsenindices

Warum die deutschen Börsenindizes (DAX und MDAX) noch stärker abgetaucht sind, als die US-amerikanischen Börsenindizes lässt sich nur vermuten. Ich will mich trotzdem nicht vor der Aufstellung von 3 Thesen drücken.

- Die US-amerikanische Wirtschaft ist stärker und robuster als die deutsche Wirtschaft.
- Die US-amerikanische Wirtschaft ist nicht so exportlastig wie die deutsche Wirtschaft. Solange in China der Coronavirus noch voll tobte, war das für die deutsche Wirtschaft nachteiliger als für die US-amerikanische Wirtschaft.
- In den USA ist die Mär vom „kleinen Schnupfen" zeitweise verbreitet worden. In diesem Zeitraum hinkte die Anzahl der bekanntgewordenen Infizierten in den USA der Anzahl der Infizierten in Deutschland klar hinterher.

Die Wirkung von Maßnahmenpaketen auf die Aktienbörsen im Corona Crash

Die Notenbanken, die Regierungen, die EU und andere Institutionen haben viele, verschiedene Maßnahmen angekündigt und beschlossen, um die Corona Krise abzufedern. Teilweise sind diese Maßnahmenpakete in ihrem Umfang richtig explodiert.

Am 4. März stellte das US-Repräsentantenhaus 8,3-Milliarden-Dollar zur Bekämpfung der Folgen des Coronavirus zur Verfügung.

Am 25. März 2020 einigte man sich in den USA auf ein Hilfspaket von circa 2-Billionen USD. Da eine Billion 1.000 Milliarden sind, war das zweite Hilfspaket ungefähr 250 Mal so groß. Ein Maßnahmenpaket in dieser Größenordnung gibt es sonst nur, wenn die USA sich in einem Krieg befinden.

Rechnet man linear, müsste man damit in etwa hinkommen, wenn sich 4 Monate lang die Anzahl der Infizierten verdoppelt. Ausgehen vom Monatsersten steigt dann die Anzahl der Infizierten jeden Tag um 3,3 %. Denn 30 mal 3,3 % sind 99 %. Da aber die Anzahl der Infizierten jeden Tag um mehr als 3 % steigt, wäre so betrachtet die Steigerung auf 2 Billionen USD zu wenig.

Mal sehen, ob und inwieweit Maßnahmen und Maßnahmenpakete Einfluss auf die Aktienbörsen hatten.

Die Zahlen zu den einzelnen Börsenindices sind Prozentzahlen.

Am 2. März 2020 erwarteten viele Kommentatoren ein koordiniertes Vorgehen der wichtigsten Notenbanken der Welt.

	DAX	MDAX	Dow Jones	S&P 500	Nasdaq 100	Nikkei 225
02.03.2020	-0,27	-0,07	5,09	4,6	4,92	0,95

Tabelle 8 Tagesgewinne/Tagesverluste in % der wichtigsten Börsenindices am 2. März 2020

Wie Sie sehen, kam das bei den Aktienbörsen gut an, dass man mit einem koordinierten Vorgehen der Notenbanken rechnen kann. Insbesondere wenn man bedenkt, dass die deutschen Börsen am 2. März 2020 weitaus tiefer im Minus lagen. In der Spitze verlor der DAX zeitweilig innerhalb des Tages 4,1%; der MDAX 4 %.

Wirkung der Maßnahmen der FED auf die US-amerikanischen Aktienbörsen

3. März 2020: Die FED senkt zur Überraschung vieler den Leitzins gleich um einen halben Prozentpunkt.

	Dow Jones	S&P 500	Nasdaq 100
03.03.2020	-2,94	-2,81	-3,19

Tabelle 9 Tagesverluste in % der US-amerikanischen Börsenindices am 3. März

Wie Sie sehen, war die Reaktion an den US-amerikanischen Aktienbörsen negativ. Das letzte Mal, dass die FED den US-Leitzins in einem Schritt um 0,5 % gesenkt hatte, war beim Börsencrash im Jahr 2008. Im Jahr 2008 verlor z. B. der DAX 39,95 %. Viele Aktienspekulanten dachten wohl, dass die Lage dann schlimmer als gedacht ist.

Denn bis zum 2. März 2020 lagen die Verluste an den Aktienbörsen nur zwischen 9 bis 14 %.

16. März 2020: Die FED senkt dem US-Leitzins fast auf Null.

	Dow Jones	S&P 500	Nasdaq 100
16.03.2020	**-12,93**	**-11,98**	**-12,32**

Tabelle 10 Tagesverluste in % der US-amerikanischen Börsenindices am 16. März

Wie Sie sehen, waren die US-amerikanischen Aktienbörsen geschockt, dass innerhalb von circa 2 Wochen ein weiterer drastischer Zinssenkungsschritt der FED erfolgte. Es wurde vielen Anlegern bewusst, dass man beim Corona Crash wohl mindestens eine Nummer größer denken muss.

Wirkung der Maßnahmen der EZB auf die deutschen Aktienbörsen

Am 19. März 2020 kündigte die EZB ein Anleihekaufprogramm in Höhe von 750 Milliarden Euro an.

	DAX	MDAX
19.03.2020	2	3,63

Tabelle 11 Tagesgewinne in % beim DAX und beim MDAX am 19. März

Wie Sie sehen, kam diese Ankündigung bei den deutschen Aktienbörsen gut an.

Am 26. März 2020 beschloss die EZB, ohne irgendein Limit Staatsanleihen zu kaufen.

	DAX	MDAX
26.03.2020	1,28	3,2

Tabelle 12 Tagesgewinne in % beim DAX und beim MDAX am 26. März

Auch diese Ankündigung wurde von deutschen Aktienbörsen positiv aufgenommen.

Die deutschen Aktienbörsen haben also auf angekündigte Maßnahmen der EZB mit Kursgewinnen reagiert, während die Maßnahmen der FED an den US-amerikanischen Aktienbörsen zu Kursverlusten führten.

Vermutlich liegt das daran, dass die deutschen Anleger auf Grund der bisherigen Eurokrisen mit den Kaufprogrammen der EZB vertrauter sind, als die US-amerikanischen Anleger mit drastischen Zinssenkungsschritten der FED.

Die Wirkung des Hilfspaketes der US-Regierung auf die Aktienbörsen

Am 24. März 2020 gab es eine Aussicht auf eine Einigung in den USA über ein Konjunkturpaket in Höhe von 1,9 Billionen USD.

	DAX	MDAX	Dow Jones	S&P 500	Nasdaq 100	Nikkei 225
24.03.2020	**10,98**	**7,14**	**11,37**	**9,38**	**7,81**	**7,13**

Tabelle 13 Tagesgewinne/Tagesverluste in % der wichtigsten Börsenindices am 24. März 2020

Wie Sie sehen, war die positive Reaktion der Aktienbörsen überwältigend. Der Dow Jones hatte am 24. März 2020 den größten Tagesgewinn seit 1933.

Dass auch die Kurse der Börsenindices außerhalb der USA in vergleichbarer Höhe stiegen, zeigt die Bedeutung der USA für die Weltwirtschaft. Das ist aber insofern schlecht, weil die USA zum neuen Epizentrum der Pandemie geworden sind. Ein weltweiter Konjunkturaufschwung ohne die USA ist kaum vorstellbar.

Die Höhe der Kursanstiege an den US-amerikanischen Aktienbörsen liegt sicher auch daran, dass z. B. direkte Zahlungen von Hilfsgeldern für den normalen Verbraucher weniger abstrakt sind als Leitzinssenkungen der FED.

Letztendlich wurde ein Hilfspaket in Höhe von 2,2 Billionen USD am 27. März 2020 von Trump unterzeichnet. Das größte Hilfspaket in der US-amerikanischen Geschichte. Das entspricht fast 10 % Prozent der US-Wirtschaftsleistung.

Am 25. März kursierten Meldungen in den Medien, dass die Hilfspakete weltweit bisher mindestens ein Volumen von 9,2 Billionen Euro erreicht haben.

Das hat sicher dazu geführt, dass die Summe der Kursverluste vom 18. März 2020 (siehe oben) bisher nicht mehr erreicht worden sind. Genauer formuliert haben alleine schon die Ankündigungen von Hilfspaketen - wenn man mal von der FED absieht - zu Kurssprüngen an den Aktienbörsen geführt. Gibt es keine weiteren Ankündigungen von Hilfspaketen, fallen diese Kurssprünge zukünftig weg.

Die starken Kursschwankungen auf Tagesebene beim Corona Crash

Wie Sie wahrscheinlich schon beim Lesen der Tabelle „Die Entwicklung der Börsen bis zum bisherigen Tiefpunkt beim Corona Crash" festgestellt haben, liegen teilweise die Kursverluste und die Kursgewinne an einem Tag weit über dem Durchschnitt. Relativ viele dieser außergewöhnlichen hohen Tagesverluste und Tagesgewinne hatten sogar einen konkreten Bezug zu an gekündigten und vollzogenen Maßnahmen (siehe Kapitel „Die Wirkung von Maßnahmenpaketen auf die Aktienbörsen").

Hier mal einige Daten zu den üblichen Kursgewinnen/Kursverlusten an einem Tag beim DAX.

Vom Jahr 2010 bis zum Jahr 2016 stieg der DAX - abgesehen vom Jahr 2011 - im Vergleich zum Vorjahr jedes Jahr. Aktiencrashs wie die Dotcom-Blase oder die Finanzkrise 2008/2009 gab es nicht. Es handelte sich also um einen Zeitraum, in dem der Kurs des DAX relativ stabil war.

Laut einer Statistik von Statista gab es in dieser Phase an circa 30 % der Handelstage einen maximalen Kursverlust von minus 1 %. Da der DAX in diesem Zeitraum eher stieg als fiel, kletterte der DAX an circa 36 % der Handelstage maximal um 1 % nach oben. Somit hatten Day-Trader im DAX an circa 66 % der Handelstage mit kleinen Margen zu kämpfen.

Zum Vergleich: Kursverluste an einem Tag von 1 % bis 2 % und Kursgewinne an einem Tag von 1 % bis 2 % gab es jeweils an circa 4 % der Handelstage beim DAX.

D.h. ein Kursverlust oder ein Kursgewinn von 1 bis 2 % ist in normalen Zeiten beim DAX äußerst selten bzw. schon außergewöhnlich hoch.

Beim Dotcom Crash dagegen, gab es alleine in den Zeitraum vom 20. Februar 2020 bis zum 27. März 2020 11 Handelstage, an denen der Schlusskurs des DAX von Vortag um mehr als 2 % abwich.

Ein Eldorado für die wenigen guten Daytrader, die es gibt.

Panik an den Aktienbörsen beim Corona Crash?

Da nicht alle dieser überdurchschnittlich hohen Tagesverluste erklärt werden konnten, könnte man meinen, dass einige dieser überdurchschnittlich hohen Tagesverluste auf Verkaufspanik zurückzuführen sind. Anstatt nun bei einigen dieser überdurchschnittlich hohen Tagesverluste eine Verkaufspanik an den Haaren herbeizuziehen, beziehe ich lieber klar Stellung.

Im Zusammenhang mit dem Corona Crash ist der Begriff Panik viel zu oft verwendet worden. Bei nicht ausreichenden Testmöglichkeiten, fehlenden Heilmedikamenten und einem fehlenden Impfstoff für den Corona Virus, kann man von den Aktienbörsen keine Punktlandung verlangen. Eine Venussonde kann im Prinzip auch nur so landen, wie Daten über das Landegebiet vorhanden sind.

Soweit Programme bzw. Algorithmen für den Absturz der Aktienbörsen verantwortlich sind, kann nicht von Panik gesprochen werden. Algorithmen können per se nicht panisch sein. Handeln mit Algorithmen nennt man Algo-Trading. In den USA liegt der Anteil des Algo-Tradings bei über 70 %.

Selbst in Indien liegt der Anteil des Algo-Tradings schon bei rund 40 %.

Die New Yorker Börse (NYSE) stellte übrigens wegen der Corona-Pandemie ab dem 23.März 2020 voll auf elektronischen Handel um, um ihre Mitarbeiter zu schützen.

Die Algorithmen könnten aber schlecht programmiert sein. Das ist aber auch zu kurz gesprungen. Mit welchen Daten sollen denn die Programme täglich gefüttert werden? Mit der explodierenden Anzahl der Infizierten? Da es keine Daten über vergleichbare Pandemien gibt, ist die Programmierung der Algorithmen unvollkommen, aber nicht schlecht im Sinne von schlampig programmiert.

Auch das Gesamtbild des Corona Crashs spricht gegen eine Panik. Hier noch einmal die bisherigen maximalen Kursverluste in % bei den einzelnen Börsenindices.

	Dax	MDAX	Dow Jones	S&P 500	Nasdaq 100	Nikkei 225
19.02.2020 Tagesend-stand	13.789	29.355	29.348	3.386	9.719	23.401
verschiedene Tage Tiefpunkt	8.441	17.909	18.591	2.237	6.994	16.552
Summe Verlust in %	**-38,78**	**-38,99**	**-36,65**	**-33,93**	**-28,04**	**-29,27**

Tabelle 14 bisherige maximale Kusverluste in % der Börseindices

Der Corona Crash war bisher der schnellste Crash. Bei Tagesverlusten und Tagesgewinnen hat er einige Rekorde aufgestellt.

Dennoch, wie Sie an der folgenden Tabelle erkennen können, bewegen sich die bisherigen, maximalen Kursverluste bei den Börsenindices noch im Rahmen der anderen Aktiencrashs (siehe auch oben).

	maximaler Kursverlust in %
Ölkrise 1973/1974	37,5
Dotcom-Blase	72,7
Finanzkrise 2008/2009	54,6

Tabelle 15 Maximale Kursverluste in % bei 3 Aktiencrashs

Hinzu kommt noch, dass die Anzahl der Infizierten – mal abgesehen von China – immer noch nicht eingedämmt werden konnte. Bei diesen 3 anderen Aktiencrashs musste man nicht auf die Entwicklung von Antikörper-Sera und auf die Entwicklung eines Impfstoffs warten. Da im Augenblick noch nicht mal genügend Testkits zur Verfügung stehen, ist bisher keines der Probleme an der Gesundheitsfront grundsätzlich gelöst. Die wirtschaftlichen Schäden durch den Corona Virus sind noch nicht bezifferbar.

So gesehen sind die bisherigen, maximalen Kursverluste bei den Börsenindices noch in Ordnung. Auch wenn der Blick ins Depot schmerzt.

Fallen die Börsenindices nochmal in die Nähe dieser Tiefpunkte, kann von Börsenpanik bei DAX und MDAX bis zum 18. März 2020 erst recht nicht die Rede sein.

Natürlich gab es – wie immer – einige Anleger, die aus Panik Aktien verkauft hatten, aber das macht den Corona Crash nicht zu einem Panik Crash.

Falls der DAX mehrere Prozent unter seinen Buchwert (siehe unten) fallen sollte, könnte ich mir vorstellen, dass es dann zu einer relevanten Anzahl von Panikverkäufen kommt. Denn dann wäre eine rote Linie überschritten, weil es das in den letzten 40 Jahren noch nie gab. Also behalten Sie bitte den DAX im Bereich von 8.000 bis 8.100 Punkten im Auge!

Aktienhandelsunterbrechungen in den USA und in Deutschland

Im Grunde genommen, handelt es sich bei Aktienhandelsunterbrechungen um Volatilitätsunterbrechungen. Brechen die Aktienkurse so massiv ein, das die Volatilität nach oben springt, wird impliziert, dass dann Panikverkäufe stattfinden. Wenn nun viele fast gleichzeitig zu der Schlussfolgerung gelangen, dass ein oder mehrere Aktienkurse auf Grund eines bestimmten Ereignisses zu hoch sind, muss das nicht zwangsläufig Panik sein. Es findet ein Wettrennen statt. Jeder will der Erste sein, der verkauft. Wie bei einem Wettrennen üblich, gibt es Verlierer. Stop-Loss-Marken garantieren eben nicht den Verkauf zu einem bestimmten Kurs.

Wenn in einem Bus nur noch 3 Sitzplätze frei sind und es wollen aber mehr als 3 Leute mitfahren, kommt es zu einem Gedränge. Ein Gedränge ist noch keine Panik.

Sind die Kursabstürze allerdings durch unvollständig programmierte Algorithmen verursacht, dann bin ich ganz klar für den Einsatz von Volatilitätsblockern. Diese Volatilitätsunterbrechungen werden auf Englisch „Circuit Breakers" genannt.

Die Rule 80b wurde am 19. Oktober 1988 von der US-amerikanischen Börsenaufsicht kreiert. Im Jahr 1998 und im September 2019 wurde die Rule 80b aktualisiert. Der volle Name der Rule 80b lautet „Trading Halts due to extraordinary Market Volatility".

Hier einige der Mechanismen von Rule 80b:

- Fällt der Dow Jones bis 13 Uhr im Vergleich zum Vortag im mehr als 20 %, wird der Handel an der New Yorker Börse (NYSE) für 2 Stunden unterbrochen.
- Falls bis 14 Uhr Ortszeit der Dow Jones im Vergleich zum Vortag im mehr als 10 % fällt, wird der Handel an der NYSE für eine Stunde unterbrochen.
- Fällt der Dow Jones zwischen 14 Uhr und 14 Uhr 30 im Vergleich zum Vortag im mehr als 10 %, wird der Handel an der NYSE für eine halbe Stunde unterbrochen.
- Wenn der S&P 500 um sieben Prozent fällt, wird der Handel für 15 Minuten unterbrochen.

Hier finden Sie weitere Informationen zu Rule 80b und zu Market-Wide Circuit Breakers:

- https://financial-dictionary.thefreedictionary.com/Rule+80B

- https://www.nyse.com/publicdocs/nyse/NYSE_MWCB_FAQ.pdf

Beim Corona Crash kam die Rule 80b bisher an 2 Tagen zum Einsatz.

9. März 2020 15 Minuten Handelsunterbrechung wegen 7 % Regel

So haben die Börsenindices in %, am Montag den 9.März 2020, den Börsentag beendet.

	DAX	MDAX	Dow Jones	S&P 500	Nasdaq 100	Nikkei 225
09.03.2020	-7,94	-6,7	-7,79	-7,6	-6,83	-5,07

Tabelle 16 Rule 80b am 9. März 2020: Tagesverluste in % der wichtigsten Börsenindices

Trotz Anwendung der Rule 80b, war dies der größte Tagesverlust des Dow Jones seit den Terroranschlägen 11. September 2001.

12. März 2020 15 Minuten Handelsunterbrechung wegen 7 % Regel

So haben die Börsenindices in % am Donnerstag, den 12.März 2020, den Börsentag beendet.

	DAX	MDAX	Dow Jones	S&P 500	Nasdaq 100	Nikkei 225
12.03.2020	-12,24	-10,91	-9,99	-9,51	-9,27	-4,41

Tabelle 17 Rule 80b am 12. März 2020: Tagesverluste in % der wichtigsten Börsenindices

Der Dax soll übrigens am 12. März 2020 den zweitgrößten Tagesverlust in seiner Geschichte erlitten haben.

Danach lagen die maximalen Tagesverluste der Börsenindices im März 2020 „nur noch" bei 5 bis 6 %. Das ist sicher auch den zahlreichen Maßnahmenpaketen zu verdanken, die angekündigt oder umgesetzt worden waren.

Aber auch bei leicht geringeren Kursrutschen kann der Handel nach der Rule 80a ausgesetzt werden. Da ist die sogenannte „Uptick Downtick Rule".

Auch im Xetra-Handel kann es zu Volatilitätsunterbrechungen kommen.

„Um Preiskontinuität im fortlaufenden Handel sicherzustellen, kommt es zu einer Volatilitätsunterbrechung, wenn der potenzielle Ausführungspreis einer Order außerhalb des dynamischen und/oder statischen Preiskorridors liegt."

Schade, dass man das nicht so verständlich wie die Rule 80b formuliert hat.

Weitere Informationen zu Volatilitätsunterbrechungen im Xetra, finden Sie hier:

https://www.xetra.com/xetra-de/handel/schutzmechanismen/schutzmechanismen-im-fortlaufenden-handel

Nach § 59 der Börsenordnung der Frankfurter Wertpapierbörse kann der Handel übrigens auch unterbrochen werden:

Aussetzung und Einstellung des Handels im regulierten Markt

(1) Die Geschäftsführung kann den Handel im regulierten Markt

1. aussetzen, wenn ein ordnungsgemäßer Börsenhandel zeitweilig gefährdet oder wenn dies zum Schutz des Publikums geboten erscheint;

2. einstellen, wenn ein ordnungsgemäßer Börsenhandel nicht mehr gewährleistet erscheint.

Den vollen Wortlaut von § 59 der Börsenordnung der Frankfurter Wertpapierbörse vom 28.11.2019 finden Sie hier:

- http://www.boerselife.at/eBusiness/services/resources/media/2122
  51493524270627-217604696286713925_220360216313545716-
  932148225164519810-1-NA-NA-NA-NA.pdf

Verbot von Leerverkäufen

Auch mit Leerverkaufsverboten will man Panik entgegenwirken.

Belgien und Frankreich haben im Rahmen der "VERORDNUNG (EU) Nr. 236/2012 DES EUROPÄISCHEN PARLAMENTS UND DES RATES vom 14. März 2012 über Leerverkäufe und bestimmte Aspekte von Credit Default Swaps" teilweise Wetten auf Kursverluste verboten.

Belgien verbot Leerverkäufe bei 12 Aktien, das Verbot von Frankreich umfasste 98 Aktien.

Auch die britische Finanzaufsicht verbot Leerverkäufe. Leerverkäufe bei italienischen und spanischen Aktien waren nicht erlaubt. Vermutlich deswegen, weil zu diesem Zeitpunkt Italien und Spanien am meisten unter dem Corona Virus litten.

Betrachtet man Europa als Ganzes muss man zu dem Schluss kommen, dass die meisten Länder in Europa der Ansicht sind, dass Verbote von Leerverkäufen zur Verhinderung von Panik bisher nicht notwendig waren.

Wer auf fallende Kurse wetten wollte, der musste schnell reagieren. Denn vom 20. Februar 2020 bis zum 18. März 2020 fielen die Kurse der wichtigsten Börsenindizes zwischen circa 28 % und circa 38 %. So schnell wie noch nie in der neueren Börsengeschichte.

Wer schnell auf fallende Kurse gewettet hatte, der ist einer der Gewinner des Corona Crashs.

Die Schließung einer oder mehrerer Börsen ist der größte Panikknopf, den man drücken kann.

Am 11. September wurden die New Yorker Börse (NYSE) bis zum 17. November 2001 geschlossen. Bei dem Corona Crash wurde bisher keine wichtige Börse geschlossen. Das ist gut so. Die Börsen funktionieren schließlich (siehe Kapitel „Panik an den Aktienbörsen beim Corona Crash?"). Zudem käme die Schließung einem Verkaufsverbot gleich. Wenn z. B. jemand bei 30 % Kursverlust verkaufen muss, weil er das verbliebene Geld dringend benötigt, dann muss er auch verkaufen dürfen.

Selbst wenn eine wichtige Börse schließen sollte, würde der Aktienhandel auf andere Börsen ausweichen. Wenn Sie z. B. die Aktie von Siemens nehmen, dann können Sie sehen an wie vielen verschiedenen Aktienbörsen diese Aktie gehandelt werden kann.

Außerdem habe ich bisher keinen gefunden, der begründen konnte, was eine längere Schließung der Aktienbörsen für Vorteile bringen könnte.

Bei den Terroranschlägen dagegen handelte es sich um ein Tagesereignis. Am 12. September gab es keine weiteren Terroranschläge mehr. Zudem wurde New Yorker Börse (NYSE) alleine schon wegen Ihrer räumlichen Nähe zu den Terroranschlägen geschlossen. Der gesamte Financial District in New York wurde damals zwischen dem 11. und 14. September 2001 wurde evakuiert. Die NYSE wurde also damals nicht primär wegen vermuteter Panikverkäufe geschlossen.

Allerdings bin ich für Volatilitätsbrecher wie die Rule 80B (siehe oben), um Verkaufslawinen, die durch Algorithmen versucht sind, zu stoppen. Aber beim Corona Crash konnten diese Volatilitätsbrecher die Kurseinbrüche an den Aktienbörsen nicht verhindern.

Cash ist King während des Corona Crash?

Wer keine frei verfügbaren Geldreserven hatte, konnte keine Aktien verbilligt (nach)kaufen. Wem in dieser Phase gekündigt wurde, konnte sich in der Regel auf Kündigungsfristen berufen und erhielt danach Arbeitslosengeld. Dessen finanzielle Situation war dadurch etwas abgefedert. Aber wer denkt nach einem Arbeitsplatzverlust an Aktienspekulationen?

Da wird man wohl eher an die bisher erlittenen Kursverluste denken.

Gleiches gilt für Menschen, die in diesem Zeitraum in den Ruhestand gegangen sind.

Wer seinen Buchladen oder sein Restaurant vorübergehend schließen musste, hatte mit oder ohne noch zu bezahlende Angestellte einen so großen Geldbedarf, dass an Aktienspekulationen nicht zu denken war.

Cash ist King, setzt also nicht nur Cash voraus, sondern auch die Bereitschaft bei stark fallenden Aktienkursen Aktien zu kaufen. Also ich gehe lieber bei Sonne als bei Regen aus dem Haus. Außerdem drücken die explodierende Anzahl der Infektionen und die verlangte Reduzierung der sozialen Kontakte auf das Gemüt.

Ferner braucht man auch bei stark fallenden Aktienkursen ein Anlagekonzept. Bei einem sich immer weiter ausbreitenden Coronavirus das gesamte Budget für Aktien schon bei einem Kursverlust von nur 10 % einzusetzen, ist sicher falsch. Eine so gewaltige Pandemie, für die es keine spezifischen Medikamente und keinen Impfstoff gibt, werden die Kursverluste generell höher als 10 % sein. Bei Kursverlusten von 10 % haben sich die Aktienbörsen noch nicht ausgekotzt. Man könnte daran denken, erst bei Kursverlusten von 20 % wieder ETFs auf einen Börsenindex zu kaufen.

Denn bei 20 % Kursverlust liegt ein Bärenmarkt vor und seit 1966 gab es erst 13 Bärenmärkte beim DAX.

Eigentlich müsste man vorsichtshalber mit Kursverlusten von bis zu 70 % rechnen. Bei der Finanzkrise 2008/2009 summierten sich die Kursverluste auf circa 55 % (siehe Kapitel „Die Finanzkrise 2008/2009").

Bei der Dotcom-Blase betrugen die Kursverluste in der Spitze bis zu 70 %. Doch ein Einstieg bei 20 % Kursverlust und weiteren schrittweisen, betragsgleichen Käufen bis zu 70 % Kursverlust ist für Privatanleger kaum finanzierbar, wie die folgende Tabelle zeigt.

Kurs	Investition in EUR
100%	1000
80%	1000
70%	1000
60%	1000
50%	1000
40%	1000
30%	1000
Gesamtinvestition	7000

Tabelle 18 Aktienkäufe mit gleichbleibendem Betrag bei jeweils 10 % Kursverlust

Diese Tabelle geht davon aus, dass vor dem Kurssturz sich für 1000 Euro ein ETF auf einen Börsenindex zu einem Kurs von 100 % im Aktiendepot befindet.

Verfolgen Sie diese Kaufstrategie, ist Ihr Aktiendepot anschließend 7-Mal so groß. Da die Aktienkurse seit 2009 fast ohne Unterbrechungen bis zum Corona Crash gestiegen sind, ist kaum vorstellbar, dass ein Privatanleger vor dem Kurssturz eine Cashquote von circa 86 % hatte.

Wenn der Kurs um weniger als 70 % sinkt, machen Sie bei diesem Modell natürlich weniger Gewinn, wenn der Kurs wieder auf 100 % steigt.

Diesem Nachteil steht aber ein Vorteil gegenüber. Wenn die Wirtschaft total einbricht, dass macht Sie ja wohl, wenn Börsenindices wie der DAX oder der Dow Jones um 70 % nachgegeben, besteht die Gefahr sozialer Unruhen. Stehen dann gerade bei einer Pandemie noch genügend nichtinfizierte Polizei- und Militärkräfte zur Verfügung, um Ihr Leben, ihren Körper und Ihr Eigentum zu schützen? Wohl aus dieser Unsicherheit heraus, kam es in den USA zu einem Ansturm auf Waffen und Munition.

Sie können natürlich die Variablen dieses Modells verändern. Indem Sie z. B. nur von einem Kursverlust von maximal 50 % ausgehen und jedes Mal dem Kaufbetrag verdoppeln und bereits bei einem Kursverlust von 10 % investieren.

Kurs	Investition in EUR	Durchschnittskurs des ETFs im Depot
100%	1000	100%
90%	2000	93%
80%	4000	85,71%
70%	8000	77,33%
60%	16000	68,38%
50%	32000	59,04%
Gesamtinvestition	63000	

Tabelle 19 Aktienkäufe mit verdoppeltem Betrag bei jeweils 10 % Kursverlust

Selbst bei dieser aggressiven Kaufmethode muss der Kurs vom Tiefpunkt aus betrachtet, erstmal um 9 % steigen, bevor Ihr Depot in die Gewinnzone kommt.

Bei diesem Modell liegt die Cashquote bei circa 98,4 %. Dass ein Privatanleger so eine hohe Cashquote hat, ist äußerst unwahrscheinlich.

Der Buchwert des DAX

Wenn man das Eigenkapital aller DAX-Unternehmen addiert und davon die Summe der Schulden aller DAX-Unternehmen abzieht, erhält man den Buchwert des DAX (so wohl die herrschende Meinung). Der Buchwert des DAX entspricht einem gewissen Punktestand des DAX. Am 16. März lag der Buchwert des DAX bei circa 8.100 Punkten-.

Erst als ich erfahren hatten, dass der Buchwert des DAX bei ungefähr 8.100 Punkten liegt, hatte ich verstanden, warum viele Experten eine Bodenbildung des DAX im Bereich von 8.000 bis 8.500 Punkten prognostiziert hatten.

Gelänge es Ihnen, per ETF den DAX unter seinem Buchwert zu kaufen, wäre das grob vereinfacht in etwa so, als ob Sie ein neues Auto unter seinen Herstellungskosten kaufen.

Viel Hoffnung will ich Ihnen aber nicht machen. Denn dass der DAX unter seinen Buchwert sinkt, war bisher äußerst selten.

In dem Kursabstürzen wegen der Dotcom-Blase und dem zweiten Irakkrieg rutschte der DAX am 12.3.2003 kurzzeitig etwas unter seinen Buchwert. Gleiches gilt für die Finanzkrise 2008/2009, als am 6.3.2009 der DAX temporär etwas unter seinen Buchwert fiel.

Bisher ist der DAX beim Corona Crash nicht auf 8100 Punkte abgestürzt. Am 16. März lag der DAX im Tagesverlauf mit 8.337 Punkten knapp darüber. Wer diesen bisherigen Tiefpunkt in etwa erwischt hat, kann aus heutiger Sicht zufrieden sein.

Mit einer kleinen Cashquote ist es grundsätzlich besser, erst dann einen ETF auf den DAX zu kaufen, wenn der DAX seinen Buchwert erreicht hat. Gelingt Ihnen das oder schaffen Sie es sogar, per ETF den DAX unter seinem Buchwert zu kaufen, dann könnte Cash wirklich King sein.

Der aktuelle Buchwert des DAX in DAX-Punkten, also das Kurswert-Buch-Verhältnis (KBV) des DAX springt einem selbst beim Lesen von Wirtschaftszeitungen nicht ins Auge. Es wird aber in der Wirtschaftspresse und im Internet über den Buchwert des DAX in DAX-Punkten berichtet, wenn der DAX sich seinem Buchwert nähert.

Sie müssten es also mitbekommen, wenn der DAX sich seinem Buchwert nähert.

Es gibt aber keine Garantie, dass der DAX auf seinen Buchwert oder tiefer fällt. Passiert das nicht, stehen Sie als Anleger vor der Wahl gar nichts zu unternehmen oder bei einem höheren Kurs einen ETF auf den DAX zu kaufen oder dem steigenden DAX hinterherzulaufen.

Fazit: Cash ist also nur bedingt King bei Aktiencrashs. Die Botschaft „einmalige Kaufgelegenheiten" höre ich wohl, aber sie bringt einen erkenntnismäßig nicht weiter. Niemand kann vorhersagen, wie tief die Kurse fallen.

Unternehmen mit steigenden Aktienkursen im Corona Crash

Wer nichts von ETFs auf Börsenindices hält, kann sich im Corona Crash mit seinem Cash auf ein oder mehrere Unternehmen konzentrieren. Zu diesem Zweck stelle ich einige Unternehmen und deren Geschäftsfelder kurz vor.

Die möglichen Krisengewinner unter den Unternehmen sind leicht zu identifizieren. Z. B. Unternehmen, die zusätzliches Personal einstellen wollen.

Die Produzenten von Schutzmasken, Desinfektionsmitteln, Schutzkleidung, etc. sind ebenfalls leicht zu identifizieren. Fast täglich wird über diese Unternehmen berichtet. Diese Unternehmen sind aber nur solange interessant, wie deren Rohstoffe reichen. Zudem muss man aufpassen, wann man deren Aktien verkauft. Da Boom bei diesen Unternehmen mit einem Absinken der Zahl der Neuinfizierten schnell enden kann.

Die im Folgenden erwähnten Kurssteigerungen sind mit Vorsicht zu genießen, da diese sich täglich ändern können. Das sind nur Momentaufnahmen!

Wenn Sie in die Aktienkurse der hier erwähnten Unternehmen tiefer einsteigen, werden Sie feststellen, dass einige Kurse im ersten Überschwang aus heutiger Sicht viel zu hochgeschossen sind. Ferner sind Unternehmen darunter, deren Kurse vorher eingebrochen waren. Schauen Sie sich daher bitte die Kurs-Charts genau an.

Die Kursabstürze erfolgten an den Aktienbörsen so schnell, dass teilweise keine Zeit blieb, nach möglichen Gewinnern zu suchen. Die folgende Liste der Unternehmen, die zu den Gewinnern gehören (können), erhebt keinen Anspruch auf Vollständigkeit. Ich liste hier bewusst nicht nur deutsche

Unternehmen auf, da der Verlauf der Coronavirus Infektionen alleine schon auf der Zeitachse sehr unterschiedlich sein kann.

<u>Handelsriesen und Supermarktketten</u>

Auch Handelsriesen und Supermarktketten sind bisher Gewinner wegen der Hamsterkäufe. Aber auch nur so lange, wie noch genügend nicht infizierte Mitarbeiter zur Verfügung stehen. Da es bisher nur ganz wenige Supermärkte ohne Mitarbeiter an den Kassen gibt.

Carrefour

Kursanstieg im März 2020 bis zu 22 %.

ISIN: FR0000120172 WKN: 852362

Metro

Kursanstieg im März 2020 bis zu 21 %.

ISIN: CA59162N1096 WKN: 883704

Aldi, Edeka, Lidl und Rewe sind keine börsennotierten Unternehmen. Daher kann man von diesen Unternehmen keine Aktien kaufen.

Es gibt aber auch den Trend, dass die Menschen lieber in Tante Emma-Läden und in Tankstellen einkaufen, weil Sie denken, dass dort die Ansteckungsgefahr geringer sei als in großen Supermärkten.

Onlineversandhändler

Wer freiwillig oder gezwungen zu Hause in Quarantäne lebt, der bestellt nun mal elektronisch. Gewöhnen sich die Kunden daran, von zu Hause elektronisch zu bestellen, ist der Corona Effekt für Onlineversandhändler bestimmt nachhaltiger als für die Produzenten von Schutzkleidung und Toilettenpapier.

Der bekannteste Onlineversandhändler ist wohl **Amazon**. Amazon z. B. will über 100.00 Leute einstellen. Das ist nachvollziehbar. Aber auf der anderen Seite hat Amazon jetzt schon die Zahl der Bestellungen in Frankreich und Belgien begrenzt, um seine Mitarbeiter zu schützen. Weitere Länder oder Regionen, für die Amazon die Anzahl der Bestellungen limitiert, werden wahrscheinlich folgen.

Für Deutschland wird Folgendes gemeldet:

Aktuell priorisiert Amazon den Eingang von Waren für den täglichen Bedarf sowie für medizinische Verbrauchsgüter und andere Produkte mit hoher Nachfrage. Das hat zur Folge, dass sich der Versand von Büchern auf diesem Wege verzögern kann.

Mit anderen Worten: Amazon ist im Augenblick nicht in der Lage zeitnah die hohe Nachfrage zu befriedigen.

Der Aktienkurs von Amazon ist bisher kein Gewinner. Zwar stieg der Aktienkurs von Amazon vom 16.3.2020 bis zum 19.3.2020 um rund 70 %, aber am 19.2.2020 lag der Kurs bei 2020 USD. Das waren rund 11 % mehr als am 19.3.2020.

Am Anfang des Corona Crashs fielen (erstmal) fast alle Aktien. Bei der Geschwindigkeit mit der die Kurse runterrutschen, blieb für differenzierte Betrachtungen keine Zeit.

Das Bestellaufkommen bei **Online-Apotheken** um 60 % gestiegen.

SHOP APOTHEKE EUROPE

Kursanstieg im März 2020 bis zu 54 %.

ISIN: NL0012044747 WKN: A2AR94

ZUR ROSE GROUP ist tätig im Bereich der Arzneimitteldistribution. Außerdem betreibt das Unternehmen in verschiedenen Ländern einen Marktplatz für Gesundheits- und Kosmetikprodukte.

Tochterunternehmen sind DocMorris und Medpex Versandapotheke.

Kursanstieg im März 2020 bis zu 30 %.

ISIN: CH0042615283 WKN: A0Q6J0

Dennoch ist die Lage trotz massenhafter Reduzierung von sozialen Kontakten vielschichtig. Der Bundesverband E-Commerce und Versandhandel hatte am 12/13 März 2020 eine Umfrage durchgeführt.

41 Prozent der befragten Unternehmen verzeichnen schon jetzt Nachfragerückgänge, mehr als sechs von zehn erwarten diese im Jahresverlauf. Zudem geht gut jedes zweite E-Commerce-Unternehmen von Umsatz- und Ergebnisminderung durch Lieferengpässe aus.

TEAMVIEWER AG INH O.N

Kursanstieg im März 2020 bis zu 52 %.

ISIN: DE000A2YN900 WKN: A2YN90

Zoom Video Communications

Kursanstieg im März 2020 bis zu 59 %.

ISIN: US98980L1017 WKN: A2PGJ2

Das Unternehmen Zoom Technologies hatte seit Jahresbeginn einen Kursanstieg von über 500 %, weil viele Anleger dachten, dass dieses Unternehmen ein Spezialist für Videokonferenzen sei. Damit war der Kursanstieg absurderweise viel höher als bei der Aktie von Zoom Video Communications, dem Spezialisten für Videokonferenzen.

Um weitere Verwechslungen auszuschließen, setzte die amerikanische Börsenaufsicht SEC den Handel mit der „ZOOM"-Aktie von Zoom Technologies zunächst bis zum 8. April vom Handel aus. Zumal dieses Unternehmen seit 2015 keine Geschäftsberichte mehr vorgelegt hatte.

Anleger, können bei den Spezialisten für Videokonferenzen darauf setzen, dass sich der Trend zu Videokonferenzen nach der Corona Krise fortsetzt. Schließlich werden Reisekosten eingespart. Viele Unternehmen, die von der

Corona Krise schwer getroffen worden sind, werden daher auch nach der Corona Krise überall dort Einsparungen vornehmen, wo es möglich ist.

Ob Mitarbeiter weiterhin vom Homeoffice aus an Videokonferenzen teilnehmen wollen, wird sicher auch davon abhängen, ob jemand daheim einen eigenen Büroraum hat oder ob er sich in einer Ecke im Wohnzimmer einnisten musste.

Produzenten von Desinfektionsmitteln

Clorox produziert eine Alternative zu Sagrotan.

Kursanstieg im März 2020 bis zu 12 %.

ISIN: US1890541097 WKN: 856678

Evonik Industries stellt Desinfektionsmittel für medizinische Anwendungen her.

Kursanstieg im März 2020 bis zu 28 %.

ISIN: DE000EVNK013 WKN: EVNK01

Lanxess ist Weltmarktführer für Desinfektion in der Tierhaltung, kann aber auch für andere Zwecke (z. B. für Krankenhäuser) Desinfektionsmittel produzieren.

Kursanstieg im März 2020 bis zu 43 %.

ISIN: DE0005470405 WKN: 547040

Drägerwerk liefert persönliche Schutzausrüstung für das Personal in Krankenhäusern. Und wurde bekannt durch einen Großauftrag der Bundesregierung über 10.000 neue Beatmungsgeräte.

Kursanstieg im März 2020 bis zu 78 %. Siehe aber Meldungen vom 25. März und vom 26. März 2020 unten.

ISIN: DE0005550636 WKN: 555063

Alpha Pro Tech ist auch ein Hersteller von Schutzmasken und Schutzkleidung.

Kursanstieg im März 2020 bis zu 66 %. Siehe aber Meldungen vom 25. März und vom 26. März unten.

ISIN: US0207721095 WKN: 907487

Am 25. März 2020 wurde bekannt, dass Ford, Toyota, Jaguar Land Rover, Rolls-Royce, VW etc. ein Low-Cost-Beatmungsgerät produzieren sollen, das von der Université Libre de Bruxelles entwickelt wurde. Das US-Unternehmen Tesla will zusätzlich auch mit der Produktion von Schutzhandschuhen und Masken beginnen.

Am 26. März 2020 wurde mitgeteilt, dass die Staubsaugerfirma Dyson für die Briten 10.000 Atemgeräte bauen soll.

So schnell kann man also in diesem Wirtschaftszweig neue Wettbewerber haben.

Nanorepro soll als Experte für Schnelldiagnostik ab April einen Corona-Test anbieten

Kursanstieg im März 2020 bis zu 376 %.

ISIN: DE0006577109 WKN: 657710

Quiagen

Am 21. März 2020 wurde gemeldet, dass das Corona-Testkit von Quiagen für Europa zugelassen worden ist. Privatanwender können den Schnelltest nicht benutzen. Quiagen weitet seine Produktionskapazitäten aus. Bis Ende Juni sollen 10 Millionen Testkits pro Monat hergestellt werden können.

Kursanstieg im März 2020 bis zu 10 % nur.

ISIN: NL0012169213 WKN: A2DKCH

Genmark Diagnostics

Kursanstieg im März 2020 bis zu 168 %.

ISIN: US3723091043 WKN: A1CVZA

Am 26. März 2020 wurde ´gemeldet, dass Bosch einen vollautomatisierter COVID-19-Schnelltest entwickelt. So schnell können also neue Wettbewerber in den Markt für COVID-19-Schnelltests eintreten.

Dennoch sind die Aussichten für die Hersteller von Schnelltests rosig. Ohne Massentests stochert man bei der Bekämpfung des Corona Virus nur im Nebel herum. Der Druck Massentests durchzuführen, wird enorm wachsen. Die teilweise Aufhebung von Ausgehbeschränkungen und Shutdowns kann rational betrachtet, nur über den Weg vorausgegangener Massentests, erreicht werden. Alles andere wäre Roulette. Um letztendlich Massenimpfungen durchführen zu können, muss man wissen, wer schon immunisiert ist und wer noch nicht infiziert ist. Massentests sind eine Voraussetzung für Massenimpfungen. Massentests sind auch Voraussetzung dafür, dass man die Infizierten von den noch nicht Infizierten trennen kann.

In der nordostitalienischen Gemeinde Vo mit 3304 Einwohnern in der Provinz Padua in Venetien wurden Massentests durchgeführt. Die Infektionsrate sank um 90 %. Vielleicht spricht sich dieses Ergebnis herum?

Wenn an vielen Orten endlich Massentests durchgeführt werden, wird sich das nicht nur positiv in den Aktienkursen der Hersteller vom Massentests niederschlagen, sondern auf breiterer Front. Denn die Massentests sind ein Teil der Problemlösung. Also achten Sie bitte darauf, wie die Dinge sich zum Thema Massentests entwickeln und welche Entscheidungen zum Thema Massentest getroffen werden.

Der Berufsverband Deutscher Laborärzte (BDL) am 31. März 2020:

Die wünschenswerte 'flächendeckende' Testung ist derzeit illusorisch. Die Testmaterialien wie Entnahmesets und Reagenzien für die Labore würden von Tag zu Tag knapper. Auch die Lieferzeiten der ebenfalls erforderlichen PCR-Geräte seien derzeit extrem lang. Bei PCR-Tests werden Abstriche aus Nase oder Rachen genommen und im Labor mit Hilfe dieser Geräte auf Viren-Erbgut untersucht.

Bei Schnelltests muss man übrigens zwischen schnell und schnell unterschieden.

Wird der Test an eines der 200 Fachlabore in Deutschland verschickt, liegen die Ergebnisse erst in 2 bis 3 Tagen vor. Kann das Testergebnis vor Ort geniert werden, z. B. in 2,5 Stunden, können dadurch Quarantänen verkürzt werden.

Bei den Schnelltests ist zu unterschieden zwischen Antikörpertests und Tests, die den Virus anhand von Gensequenzen findet.

Wenn man mit Antikörpertests so schnell wie möglich so viele Menschen wie möglich testen will, ergibt sich das folgende Problem.

Im Blut bilden sich bei einer Infektion Antikörper und die Untersuchung einer Blutprobe lässt sich innerhalb eines halben Tages bewerkstelligen. Doch das ist nur scheinbar vielversprechend: "Solche Schnelltests sind Quatsch", sagt Krause. Denn zwischen einer Infektion und der Bildung von Antikörpern vergehen Tage, womöglich gar Wochen. Innerhalb dieses sogenannten Diagnostischen Fensters ließe sich das Virus im Blut nicht nachweisen: Massenweise Fehltestungen wären die Folge [ein Arzt].

Mit anderen Worten: In einer Phase, in der der Patient höchst infektiös ist, hat der Körper des Patienten noch keine Antikörper gegen den Coronavirus entwickelt. Antikörper-Schnelltests können dann keine Antikörper finden.

Unternehmen, die Impfstoffhersteller beliefern

Sartorius beliefert Impfstoffhersteller mit Zellkulturmedien, Bioreaktoren, Spezialfilter und analytische Instrumenten.

Kursanstieg im März 2020 bis zu 27 %.

ISIN: DE0007165631 WKN: 716563

<u>Unternehmen, die ein bereits vorhandenes Medikament Für Covid-19 verwenden wollen</u>

Gilead Sciences mit seinem Ebola-Mittel Remdesivir.

Kursanstieg im März 2020 bis zu 30 %.

ISIN: US3755581036 WKN: 885823

Roche mit seinem Arthritis-Medikament Actemra.

Kursanstieg im März 2020 bis zu 18 %.

ISIN: CH0012032048 WKN: 855167

<u>Impfstoffentwickler</u>

Laut dem Verband der forschenden Pharmaunternehmen gibt es weltweit etwa 40 verschiedene Impfstoffprojekte.

Weiter Informationen zu Impfstoffprojekten finden Sie hier:

- https://www.vfa.de/de/arzneimittel-forschung/woran-wir-forschen/impfstoffe-zum-schutz-vor-coronavirus-2019-ncov

Moderna

Kursanstieg im März 2020 bis zu 74 %.

ISIN: US60770K1079 WKN: A2N9D9

BioNTech ist auch ein Impfstoffentwickler, der mit Pfizer zusammenarbeitet. Ist der Impfstoff von BioNTech erstellt und zugelassen, würde Fosun Pharma den Impfstoff in China vermarkten.

Kursanstieg im März 2020 bis zu 242 %.

ISIN: US09075V1026 WKN: A2PSR2

Heidelberg Pharma

Sein Partner RedHill kündigte an, dass man Upamostat in einem exploratorischen COVID-19-Programm in Kombination mit anderen Wirkstoffkandidaten testen wird.

Kursanstieg im März 2020 bis zu 320 %.

ISIN: DE000A11QVV0 WKN: A11QVV

CUREVAC

Von der Firma CUREVAC haben Sie vielleicht schon einmal gehört, da diese Firma mit einem 80 Millionen Kredit von der EU für die Herstellung eines Impfstoffes geadelt worden ist. Von CUREVAC können Sie aber keine Aktien kaufen, da die Firma nicht börsennotiert ist. CUREVAC und Heidelberg Pharma gehören der gleichen Beteiligungsgesellschaft.

Ab Herbst könnten Zehntausende Corona-Impfstoff erhalten.

In einer bereits bestehenden Anlage könnten pro Jahr zwischen 200 und 400 Millionen Impfdosen produziert werden.

Ab 2022 könnten in einer neuen Anlage pro Jahr mehr als eine Milliarde Impfdosen hergestellt werden.

Ich persönlich halte nichts davon Aktien von einem Unternehmen zu kaufen zu kaufen, das keinen fertigen und zugelassenen Impfstoff hat. Zudem wird das Unternehmen, das dieses Rennen gewinnt, versuchen mit Hilfe von Vertriebspartnern, den Impfstoff weltweit zu vermarkten. Solange es keinen zweiten Impfstoff gibt, wird man wohl zulassen, dass dieses Unternehmen monopolartige Preise festlegen kann.

Es bleibt natürlich jedem selbst überlassen, welche Aktien er kauft.

Glaubt man den Angaben von CUREVAC, wird die Massenproduktion des Impfstoffes kein zeitlicher Engpassfaktor sein. Aber die Verteilung und Anwendung des Impfstoffes wird sicher dauern. Kaum vorstellbar, dass man in einem Monat 200 bis 400 Millionen Menschen impfen kann.

Da es zur Zeit keinen Impfstoff gibt, verweise ich auf Zahlen für Corona Tests, damit Sie ein Gefühl für Größenordnungen erhalten. In Deutschland wurden 260.000 Menschen in der dritten Woche des März 2020 getestet. Selbst in so einem kleinen Land wie Luxemburg waren bis zum 27. März 2020 gerade mal 2 % der Bevölkerung getestet worden.

Am 13.3.2020 wird berichtet, dass der des Chef des Robert Koch-Instituts Lothar Wieler Folgendes gesagt hat:

Wer die Infektion überstanden hat, ist erst einmal immun, Er könne sich nicht mehr infizieren.

Man könnte hier einwenden, dass sich die Bevölkerung im Laufe der Zeit immunisiert, so dass gar nicht so viele Impfungen notwendig sind. Vermutet man wie das Robert Koch-Institut, dass in Deutschland ein Verseuchungsgrad von 60 % bis 70 % möglich ist und würden dann 97 % der Infizierten überleben, wären die dann alle immunisiert und benötigten somit keinen Impfstoff.

Aber ob und wie lange nach einer Infektion mit Sars-CoV-2 eine Immunität besteht, war am 25. März 2020 noch nicht ausreichend untersucht.

Auf jeden Fall findet eine Immunisierung der Bevölkerung seit Beginn der Pandemie statt. Das liegt an der hohen Dunkelziffer der Infizierten.

Da sich kein Staat einen Shutdown der Wirtschaft wie im März 2020 auf Dauer finanziell leisten kann, müsste deswegen auf Dauer der Verseuchungsgrad der Bevölkerung und damit die Immunisierung der Bevölkerung zunehmen. Auch im Hinblick auf die oben erwähnten Probleme mit den Schnelltests.

Man könnte daran denken, den Impfstoff durch ein Antikörper-Serum zu ersetzen. Insbesondere dann, wenn das Antikörper-Serum schneller für die Bevölkerung zur Verfügung steht als der Impfstoff. Doch die verabreichten Corona-Antikörper verschwinden irgendwann. Man geht davon aus, dass nach Ablauf einer Frist von mehreren Wochen oder Monaten der Patient nicht mehr immun. Während bei einer Impfung der Körper selber die Antikörper entwickelt. Auch wenn es den Impfstoff noch nicht gibt, kann man jetzt schon davon ausgehen, dass der Impfstoff eine nachhaltigere Wirkung als die Verabreichung von externen Antikörpern haben wird.

Wie die Beispiele in der folgenden Tabelle zeigen, kann eine Impfung für Jahre wirken.

Auffrischimpfung gegen	Zeitraum Auffrischimpfung
Cholera	nach 2 Jahren
Tollwut	später alle 5 Jahre
Tetanus	alle 10 Jahre
Diphtherie	alle 10 Jahre
Hepatitis A	frühestens nach 10 Jahren
Masern	einmalige Impfung in der Kindheit ist ausreichend

Tabelle 20 Wie lange Impfungen bei verschiedenen Krankheiten wirken

Somit gibt es 2 Schlussfolgerungen.

Antikörper- Serum Hersteller bedeuten also keine große Gefahr für die Unternehmen, die Impfstoff entwickeln.

Sind alle nichtinfizierten und alle nichtimmunisierten Menschen geimpft, wird der Impfstoff bis zur nächsten Auffrischimpfung nicht mehr gebraucht. Der Zeitraum bis zur Auffrischimpfung kann Jahre betragen. Im Extremfall ist die Impfung nur einmal im Leben notwendig.

Diese Tatsachen haben natürlich einen Einfluss auf die Entwicklung des Aktienkurses eines Impfstoffherstellers.

Dennoch achten Sie bitte darauf, ob und wann ein Impfstoff hergestellt und zugelassen worden ist. Denn dann wird nicht nur der Aktienkurs des Herstellers des Impfstoffs steigen, sondern die Aktienkurse werden auf breiter Front steigen. Denn der Impfstoff ist mit Abstand der größte Teil der Problemlösung.

30. März 2020:

Die Organisation „Ärzte ohne Grenzen" forderte:

Pharmaunternehmen sollen auf Patente für Medikamente, Impfstoffe und Tests gegen das neuartige Coronavirus verzichten.

Die Vereinten Nationen signalisierten Zustimmung für die Forderung.

Es sei sehr wichtig, dass Impfstoffe und Präventionsmaßnahmen mit einer möglichst großen Anzahl von Menschen geteilt werden können.

Würde man verbieten, dass Patente für Corona Medikamente, Impfstoffe und Testkits angemeldet werden, würde das die Verdienstmöglichkeiten der betroffenen Unternehmen stark einschränken. Würde es tatsächlich zukommen, wüsste ich nicht, warum man die Aktien dieser Unternehmen noch empfehlen sollte. Daher achten Sie bitte darauf, wie sich hier die Diskussion entwickelt.

Welche schlechten Nachrichten kommen noch hinzu?

Von der Gesundheitsfront kommen jetzt schon viele schlechte Nachrichten. Zu einem Zeitpunkt, als es in Deutschland circa 2370 Infizierte gab, meldete das Robert-Koch-Institut, dass sich vermutlich 60 bis 70 % der deutschen Bürger anstecken werden. 1 % wären ungefähr 830.000 infizierte Menschen in Deutschland.

Geht man von einer Sterberate von 3 %, wären das allein in Deutschland circa 2,4 Millionen Tote.

Somit kann man ohne Übertreibung sagen, dass man bezüglich der schlechten Nachrichten von der Gesundheitsfront erst ganz am Anfang steht.

Auch die schlechten Nachrichten aus der Wirtschaft tröpfeln erst langsam rein. Hier einige Beispiele:

Meldung vom 25. März 2020:

Der Ifo Geschäftsklimaindex ist vom Februar 2020 mit 96,0 Punkten im März 2020 auf 86,1 Punkte eingebrochen. Das ist der stärkste jemals gemessene Rückgang seit der Wiedervereinigung.

Meldung von 26. März 2020

Die Erstanträge auf Arbeitslosenhilfe in den USA steigen auf 3,28 Millionen. In der Vorwoche gab es nur 282.000 Erstanträge auf Arbeitslosenhilfe in den

USA. Damit hat sich die Anzahl der Erstanträge Arbeitslosenhilfe innerhalb einer Woche mehr als verzehnfacht. Schätzungen besagen, dass die Anzahl der Erstanträge auf Arbeitslosenhilfe in den USA bald eine Größenordnung von 40 Millionen haben könnten.

Wahrscheinlich ist es so, dass sich die Verbreitung des Virus in der Bevölkerung leichter hochrechnen lässt, als die Auswirkungen des Virus auf die Wirtschaft. Denn bei der Verbreitung des Virus gibt es mangels Impfstoff und mangels Antikörper-Serum nur einen Parameter - die Anzahl der Menschen. Deswegen lässt auch sich noch relativ einfach die Anzahl der Erstanträge auf Arbeitslosenhilfe in den USA prognostizieren.

Doch wie der Virus sich in die Bilanzen der Unternehmen reinfrisst, lässt sich viel schwerer voraussagen. Zu viele Faktoren sind da im Spiel.

- Welche Rücklagen hat das Unternehmen?
- Wie lange hält es der Staat durch Kurzarbeitergeld zu bezahlen, um die Unternehmen zu entlasten?
- Welche Kreditlinien hat das Unternehmen bei den Banken? Inwieweit sind die schon ausgeschöpft?
- Wie lange dauert der Shutdown?
- etc.

Wenn ein Unternehmen keine Prognosen erstellen kann (oder will), kann es stattdessen nur Fakten bzw. Zahlen z. B. in der Form von Quartalsergebnissen präsentieren. Z. B. der Umsatzeinbruch des letzten Quartals, der Produktionsrückgang des letzten Quartals etc.

Statt Prognosen die Zukunft betreffend zu erhalten, wird über die Vergangenheit berichtet. Die Anleger warten also darauf, dass über die Vergangenheit berichtet wird. Da ein Quartalsbericht nur 25 % des

Geschäftsjahres abbildet, wird somit scheibchenweise über das Geschäftsjahr berichtet.

Es werden also noch wesentlich mehr schlechte Nachrichten aus der Wirtschaft hinzukommen, als es bisher schon gibt.

Je mehr schlechte Nachrichten hinzukommen, die schlechter als erwartet sind, umso größer ist die Chance, dass die Kurse erneut einbrechen.

Erst wurden die infizierten Menschen gezählt, danach werden die schlechten Nachrichten aus der Wirtschaft gesammelt.

Die bevorstehende Berichtssaison für das erste Quartal 2020

Dieses Buch wurde mit Absicht vor der Berichtsaison für das erste Quartal 2020 veröffentlicht. Der Corona Crash ist jetzt noch nicht beendet. Insbesondere dann, wenn die Zahlen für das erste Quartal noch schlechter ausfallen als erwartet. Das würde die Börsenkurse nochmal zusätzlich stark nach unten treiben.

Zudem können Sie mitverfolgen, wie sich auf der Basis von gebuchten Zahlen bei den Unternehmen die Spreu vom Weizen trennt.

Da der Corona Crash noch nicht beendet ist, könnten Sie also noch im Crash auf den Crash mit Aktienkäufen reagieren. Oder den Corona Crash aus einem allgemeinen Interesse heraus, auf der Basis dieses Buches weiterverfolgen.

Wichtig sind aber auch - wie immer – die Ausblicke der Unternehmen in die Zukunft. Doch ist damit zu rechnen, dass in der Regel (zu Recht) keine Prognosen abgegeben werden. Oder Prognosen werden zurückgezogen wie z. B. bei Infineon. Die Prognosen der Virologen treten bei diesem Crash an die Stelle der Prognosen der Unternehmen.

Das Ende der Osterferien

Deutschland will seine Ausgehbeschränkungen und andere Einschränkungen Regularien bis mindestens zum 19. April 2020 beibehalten. Andere europäische Länder haben sich mit Ihren Regularien ähnliche Termine gesetzt. Selbst Trump will (im Augenblick) an den Corona-Beschränkungen bis Ende April 2020 festhalten.

Achten Sie mal bitte darauf, wie in der Woche nach Ostern entschieden wird. Werden in den wichtigen Wirtschaftsnationen Ausgehbeschränkungen und Shutdowns beibehalten oder nicht wesentlich gelockert, wäre das gut für die Eindämmung des Coronavirus und schlecht für Wirtschaft. Da aber die Börsen sich in erster Linie für die Wirtschaft interessieren, hätte die Beibehaltung der Ausgehbeschränkungen und Shutdowns einen negativen Einfluss auf die Aktienkurse. Hier droht Ungemach!

Da letztes Jahr in den USA erst am 12. April 2019 durch die Großbanken JPMorgan Chase und Wells Fargo die Berichtsaison für das erste Quartal 2019 eingeläutet worden war, dürften in der Woche nach Ostern 2020 noch nicht viele Unternehmensergebnisse für das erste Quartal 2020 vorliegen. Daher ist von dieser Seite noch nicht mit einem größeren Sperrfeuer zu rechnen.

Weil

- erstmal keine weiteren Maßnahmenpakete verkündet werden
- die Berichtssaison noch nicht eröffnet ist
- es weiterhin keine Antikörper-Sera und keinen Impfstoff gibt
- sich weiterhin die Zahl der Infizierten in wichtigen Wirtschaftsländern in weniger als 12 Tagen verdoppelt,

dürfte es bis Ostern keine größeren Änderungen bei den Aktienkursen geben. Viele wie ich warten erstmal ruhig ab, welche Entscheidungen (siehe oben) in der Woche nach Ostern getroffen werden. Da die wichtigsten Aktienbörsen über Ostern geschlossen sind, dürfte alleine das schon zur Beruhigung der Aktienbörsen beitragen.

Die Ruhe bewahren und keine Aktien verkaufen?

Als die Kurse anfingen einzubrechen, hieß es, es kommt nicht so schlimm, also bitte die Ruhe bewahren und keine Aktien verkaufen. Als dann die Börsenindices innerhalb von einem Monat zwischen 30 und 40 % im Minus lagen, hieß es dann, jetzt sei es zu spät Aktien zu verkaufen. Bitte bewahren Sie stattdessen die Ruhe.

Jeder Aktionär unterzieht sich beim Corona Crash unfreiwillig einem Test, welche Buchverluste er noch psychisch aushalten kann. Zudem der allgemeine Schlachtruf, dass man die Nerven behalten soll und seine Aktien nicht verkaufen soll, teilweise ins Leere geht. Bei Kursverlusten in der Spitze von über 38 %, hätte es durchaus einen Sinn ergeben, Kursverluste von z. B. 10 % zu realisieren. Diejenigen, die das gemacht haben, haben jetzt bestimmte bessere Nerven als diejenigen, die dem Vorschlag gefolgt sind, trotz Kurssturz Ruhe zu bewahren und keine Aktien zu verkaufen. Der langfristig denkende Investor ist eben nicht immer eine Erfolgsgeschichte und kein Dogma, an das man sich in allen Fällen festklammern sollte.

Beim Corona Crash tauchte allerdings das Problem auf, dass man nur insgesamt 6 Handelstage Zeit hatte, um seine Verluste auf circa 10 % zu begrenzen.

	Dax	MDAX	Dow Jones	S&P 500	Nasdaq 100
19.02.2020 Tagesendstand	13.789	29.355	29.348	3.386	9.719
27.02.2020 Tagesendstand	12.367	26.196	25.766	2.978	8.436
Summe Verluste in %	**-10,31**	**-10,76**	**-12,21**	**-12,05**	**-13,20**

Tabelle 21 Über 10 % Verlust in 6 Handelstagen

Hinzu kam noch, dass man aus den Verlusten an den chinesischen Aktienbörsen nicht darauf schließen konnte (siehe Kapitel „Die Entwicklung an den chinesischen Börsen als Wettervorhersage für andere Aktienbörsen?"), dass DAX und MDAX in der Spitze (bisher) Kursverluste in der Spitze bis zu 38 % erleiden werden.

Bloß welcher Privatanleger beobachtet die Kursentwicklungen an den chinesischen Börsen? Zudem es deutsche Finanzportale gibt, die für den Aktienindex CSI 300 und für den Shanghai Composite keine Daten liefern.

Allgemein zugänglicher für Privatanleger waren Informationen über die rasche Verbreitung des Corona Virus. Da hätte man einwenden können, dass das Gesundheitssystem in China nicht so gut entwickelt ist wie in Westeuropa. Da habe ich im Nachhinein Zweifel, ob das so allgemein stimmt. Auf jeden Fall war aber damals schon klar, dass ein politisches System, wie das in China, schneller, härter und erfolgreicher durchgreift als die Demokratien in Westeuropa.

Demokratische Systeme haben systemimmanent einen höheren Abstimmungsaufwand und zudem sind es die Bürger nicht gewohnt, dass der Staat massiv in Ihre Freiheitsrechte eingreift. Folglich führt das System der Demokratie erstmal zu sanfteren Maßnahmen, mehr Überzeugungsarbeit und damit zu einem langsameren Handeln als in China.

Mehr Überzeugungsarbeit bedeutet, dass viele Bürger sich erstmal nicht an die staatlichen Vorgaben wie z. B. Versammlungsverbote gehalten haben. Ein beliebtes Stichwort sind die sogenannten Coronapartys. Jede Missachtung der staatlichen Coronaregeln machte die angeordneten, staatlichen Maßnahmen weniger erfolgreich.

Aus diesen Gründen konnte man nicht davon ausgehen, dass der Coronavirus sich in Europa und in den USA wesentlich langsamer verbreitet als in China. Warum auch?

Wenn aber die Ausbreitung des Coronavirus in Europa und in den USA in etwa vergleichbar ist mit dessen Ausbreitung in China, dann sind auch Auswirkungen auf die Wirtschaft in etwa vergleichbar. Nur mit dem Unterschied, dass die Aktienmärkte in Europa und in den USA wesentlich transparenter und damit wesentlich effizienter sind als die in China. Das hat zur Folge, dass die wirtschaftlichen Auswirkungen des Coronavirus mit voller Wucht bei den Aktienbörsen in Europa und in den USA einschlagen.

Wenn man mal von Volatilitätsblockern und einigen Leerverkaufsverboten absieht, haben die USA und die Staaten in Europa bisher nicht direkt in die Aktienmärkte eingegriffen. Bei China kann ich mir alleine schon wegen der fehlenden Transparenz da nicht sicher sein.

Folgt man diesen Überlegungen, war ausgeschlossen, dass die Aktienbörsen in Europa und in den USA ihren Boden bei minus 15 % finden werden.

Wann steigen die Kurse der Börsenindices wieder?

Steigen die Kurse der Börsenindices wieder, steigen auch die Aktienkurse der meisten Unternehmen. Daher stelle ich auf den Anstieg der Kurse der Börsenindices ab. Zumal es einige Unternehmen gibt, deren Kurse sogar im

Corona Crash steigen (siehe oben Kapitel „Unternehmen mit steigenden Aktienkursen im Corona Crash").

Laut einer DAX-Sentiment-Umfrage aus dem März 2020 wird überwiegend mit einem Anstieg der Börsenkurse in 3 Monaten gerechnet. Das obwohl der Anstieg der Neuinfizierten im Zeitpunkt der Umfrage in Deutschland noch nicht seinen Höhepunkt überschritten hatte. Analog zu China werden die Aktienkurse wieder spätestens steigen, wenn die Zahl der Neuinfizierten deutlich abnimmt.

Interessanterweise gehen auch die Wirtschaftsweisen am 24. März 2020 davon aus, dass nach 3 Monaten bzw. nach 90 Tagen bei der Ausbreitung des Virus das Schlimmste überstanden sei.

Dafür sprechen insbesondere Studien, die für den Ausbruch von Epidemien anderer Viren in der Regel einen 60 bis 90 Tage dauernden Verlauf zeigen.

Dafür spricht auch der Verlauf der Ausbreitung des Corona Virus in China (siehe oben).

Der Beginn des Ausbruchs des Corona Virus erfolgte spätestens Anfang März 2020. Die 3 Monate bzw. die 90 Tage wären dann Ende Mai 2020 abgelaufen. Folglich müssten dann Ende Mai die Aktienkurse steigen. Der Shutdown in Deutschland und damit die Ausgangsbeschränkungen hätten dann 7 Wochen gedauert.

Hält man das für glaubwürdig, müsste man so schnell wie möglich Aktien kaufen. Je mehr Anleger daran glauben, umso größer ist die Chance, dass aus dieser Vermutung eine selbsterfüllende Prophezeiung wird. Keiner dieser Anleger wird bis Ende Mai 2020 stoisch warten. Jeder will der erste sein, jeder will dabei sein, wenn die Aktienkurse wegen der Eindämmung des Coronavirus steigen.

Tritt dieses Szenario tatsächlich ein, wird die Zeit für Anleger knapp, die (noch) zu reduzierten Preisen Aktien kaufen wollen.

Ist die Verbreitung des Virus bis Ende Mai 2020 nicht nennenswert eingedämmt, stellt sich die Frage, was dann passiert. Ich glaube nicht, dass die Bevölkerung im Juni 2020 die Ausgehbeschränkungen noch genauso akzeptiert wie in der zweiten Hälfte des Monats März. Zumal Übertreibungen bei den Ausgehbeschränkungen immer sichtbarer werden.

Beispiel:

Ich habe einen Freund, der spielt Golf. Er kann elektronisch seine Startzeit buchen. Er spielt dann alleine oder mit seiner Frau Golf. Das Clubhaus und das Clubrestaurant sind geschlossen. Wie soll er sich unter diesen Umständen infizieren? In dem er die Fahnenstange anfasst? Hinzu kommt noch, dass beim Golf eine Hand immer einen Handschuh anhat.

Auch Joggingverbote für Einzelläufer oder zusammen mit dem Partner wird der Staat auf Dauer nicht vermarkten können.

Man kann aber noch viel banaler argumentieren. Ist die Verbreitung des Coronavirus bis Ende Mai 2020 nicht signifikant eingedämmt, wird die Bevölkerung zu dem Schluss kommen, dass die Ausgehbeschränkungen mehr oder weniger ein sinnloses Opfer gewesen waren.

Der Druck aus der Wirtschaft z. B. Gaststättenbetreiber wird bis Ende Mai 2020 zunehmen. Außerdem will man verhindern, dass aus der Corona Krise eine Bankenkrise wird. Denn wenn es durch den Coronavirus zu einer großen Insolvenzwelle kommt, wären die Banken hohen Kreditausfällen ausgesetzt. Bisher sind die Banken weniger betroffen als in der Finanzkrise 2008/2009.

Die Regierungen wissen im Grunde genommen jetzt schon, dass ein Shutdown auf Dauer nicht finanzierbar ist. Das kann sich noch nicht mal die USA als stärkste Wirtschaftsnation leisten.

Wird der Shutdown nicht mehr finanzierbar, wird man eine höhere Verseuchungsquote der Bevölkerung in Kauf nehmen müssen, damit Staat, Wirtschaft und Gesellschaft nicht völlig kollabieren. Die höhere Verseuchungsquote wird dann als das geringere Übel im Vergleich zu einem vollständigen Kollaps betrachtet.

Die Aktienkurse werden also auch dann beginnen steigen, wenn erkennbar ist, ab wann der Shutdown nennenswert gelockert wird. Mehr Menschen gehen wieder zur Arbeit. Es wird wieder mehr produziert und es werden wieder mehr Dienstleistungen angeboten. Da die Verbraucher sich wieder freier bewegen können, steigt die Nachfrage nach Gütern und Dienstleitungen. Ein immer noch viel zu hoher Verseuchungsgrad der Bevölkerung wird dem nicht groß entgegenstehen. Auch Infizierte kaufen Wirtschaftsgüter und fragen Dienstleistungen nach, sofern Sie nicht auf der Intensivstation liegen. Die Dienstleistung des Krankenhauses führe ich hier nicht an, da es nicht allgemeinen, ethischen Prinzipien entspricht, auf diese Art und Wiese das Bruttosozialprodukt zu steigern.

Wesentlich humaner und perfekter wäre es natürlich, wenn der Shutdown für jede Person aufgehoben wird, die in Ihrem Pass einen Stempel hat, dass sie entweder geimpft oder immunisiert ist. Das ist aber aus Sicht von März 2020 eine utopische Vorstellung.

Statistiken zu Bärenmärkten

Von beginnenden Kursanstiegen ist die Dauer der Erholung bis zum Erreichen der Höchststände zu unterschieden.

Da die Aktienkurse in Europa und in den USA um mehr als 20 % eingebrochen sind, befinden sich diese Aktienmärkte in einem Bärenmarkt.

<u>Die Bärenmärkte des DAX</u>

In Deutschland gab es seit 1966 erst 12 Bärenmärkte. Im Schnitt dauerte es 252 Tage, bis der DAX 20 Prozent verlor. Beim Corona Crash dauerte das nur ungefähr 1 Monat.

Der alte Höchststand wurde bei diesen Bärenmärkten im Durchschnitt erst nach über 500 Tagen erreicht. Der durchschnittliche Verlust beim DAX betrug rund 40 %.

<u>Die Bärenmärkte des S&P 500</u>

Beim S&P 500 kam es bei den letzten 12 Bärenmärkten im Durchschnitt zu einem Kurseinbruch von 32,5 %. Diese 12 Bärenmärkten dauerten im Durchschnitt 14,5 Monate.

Nach einer anderen Statistik betrug die Dauer der Erholung bei den letzten 11 Bärenmärkten 22 Monate.

Konkrete Zahlen zu den Bärenmärkten „Ölkrise 1973/1974", „Dotcom-Blase" und „Finanzkrise 2008/2009" finden Sie oben.

Doch noch nie war eine Erholung in einem Bärenmarkt davon abhängig, dass ein Impfstoff gefunden und/oder ein Antikörper-Serum entwickelt wird.

Daher ist die durchschnittliche Zeitdauer der Erholung bei den letzten Bärenmärkten für mich weitgehend bedeutungslos. Das einzige, was ich aus diesen Durchschnittswerten mitnehme, dass die durchschnittliche Zeitdauer weit unter 10 Jahren lag.

Historische Daten zeigen, dass ein Bärenmarkt fast nie mit einem einzigen massiven Absturz endet. Das bedeutet, dass rein statistisch betrachtet, die Börsenindices nochmal in die Nähe der Tiefpunkte um den 18. März 2020 herum fallen müssten.

Gibt es innerhalb eines bestimmten Zeitraums keine medizinische Möglichkeit den Corona Virus medizinisch zu bekämpfen, wären fast alle Menschen auf der Erde entweder infiziert oder immunisiert. Die Verbreitung des Virus hätte ein Ende gefunden. Spätestens dann müssten die Aktienkurse wieder steigen. Weil schlechtere Nachrichten von der Gesundheitsfront nicht mehr kommen können. Wenn man mal davon absieht, dass zu diesem Zeitpunkt die Zahl der Toten noch steigen kann.

Wie lange es dauern würde, bis es zu einem solchen Horrorszenario kommen würde, hat bisher noch niemand prognostiziert. Aber das dürfte ein Zeitraum weit unter 10 Jahren sein.

Ich persönlich glaube nicht, dass es zu einem solchen Worst-Case Szenario kommen wird. Da vor Erreichung eines solchen pandemischen Endzustandes Impfstoffe und Antikörper-Sera zur Verfügung stehen werden.

Sollten Sie Statistiken zu Börsenkorrekturen finden, können Sie diese Statistiken beiseitelegen. Börsenkorrekturen sind Kursabstürze zwischen 10 und 20 %. Börsenkorrekturen haben eine ganz andere Dynamik als Bärenmärkte. Der Corona Crash hatte die Schwelle zum Bärenmarkt so schnell übersprungen, dass nur für einen kurzen Zeitraum eine Börsenkorrektur vorlag.

Zwischenerholungen in einem Bärenmarkt

Es ist übrigens nichts Außergewöhnliches, dass die Aktienkurse in einem Bärenmarkt zwischenzeitlich bis zu 30 % steigen, um dann wieder einzubrechen.

Auch beim Corona Crash gab es schon eine erste Zwischenerholung.

	Dax	MDAX	Dow Jones	S&P 500	Nasdaq 100
23.03.2020 Tagesendstand	8.741	18.837	18.591	2.237	7.006
26.03.2020 Tagesendstand	10.001	21.426	22.522	2.630	7.897
Summe Zwischenerholung in %	**14,41**	**13,74**	**21,14**	**17,57**	**12,72**

Tabelle 22 erste Zwischenerholung beim Corona Crash

So starke Kurserholungen in 3 Handelstagen sind bemerkenswert, weil der DAX im langfristigen Durchschnitt jedes Jahr (nur) um circa 8 % steigt.

Es ist allerdings schwer vorstellbar, dass die alten Höchststände dauerhaft ohne vorherige Massenimpfungen erreicht werden. Denn ohne einen Impfstoff kann der Corona Virus sich jederzeit wieder ausbreiten. Dann würde sich die Corona Krise wiederholen.

Größeren Kursanstiegen stehen Dividendenkürzungen, Dividendenstreichungen und das Aussetzen von Dividenden erstmal entgegen (siehe unten). Auch Aktienrückkäufe werden als Kurstreiber in der Regel nicht zur Verfügung stehen (siehe unten).

Die Entwicklungen an den chinesischen Aktienbörsen als Wettervorhersage für andere Aktienbörsen?

Wer will, kann zusätzlich zu den Prognosen der Virologen Daten aus China für eigene Prognosen verwenden. Der Corona Virus begann schon Ende Dezember 2019 sich in China auszubreiten. Somit war China bei der

Verbreitung, Bekämpfung und Eindämmung des Virus Vorreiter. Die Quarantänemaßnahmen in China sind vergleich mit denen in Europa und denen in den USA. Mein Eindruck ist sogar, dass sich Europa bei den Quarantänemaßnahmen einiges bei den Chinesen abgeschaut hatte.

Was kommt also dabei heraus, wenn man so rigide Quarantänemaßnahmen wie die Chinesen fährt?

Die Industrieproduktion in China brach im Januar 2020 und Februar 2020 um jeweils 13,5 % ein. Der Einzelhandel meldete einen Rückgang um 20 %. Investitionen in Anlagen brachen um 24 % ein.

Gemessen an bis zu 38 % Kursverlusten bei DAX und MDAX ist das nicht viel.

Vielleicht lassen sich aus den Entwicklungen an den chinesischen Aktienbörsen Muster erkennen, die man auf andere Aktienbörsen übertragen kann?

Der chinesische Aktienindex CSI 300 und der Shanghai Composite

CSI 300	Tagesschlusskurs	Tag	maximaler Kursverlust in %
Höchstkurs	4.204	13.01.2020	
Tiefstkurs	3.688	03.02.2020	12,27
neuer Höchstkurs	4.207	05.03.2020	
bisheriger neuer Tiefstkurs	3.530	23.03.2020	16,09

Tabelle 23 Der chinesische Aktienindex CSI 300 mit Tiefst- und Höchstkursen

Die maximalen Kursverluste sind in dieser Tabelle deutlich niedriger als beim DAX oder MDAX. Der Kursverlauf kommt dem Buchstaben „W" schon sehr nahe.

Bereits am 1. März 2020 gab es nur noch 206 Neuinfizierte in China. Am 10. Februar 2020 waren es noch 2478 Neuinfizierte.

Am 10. März 2020 meldete Chinas Staatspräsident Xi Jinping bei einem Besuch in Wuhan, dass sich die Lage stabilisiert hat und dass das Blatt sich gewendet hat.

Schon am 5. März, also nach circa 2 Monaten, wurde der alte Höchstkurs vom 13. Januar 2020 übertroffen. Allerdings um den Preis, dass die Kurse anschließend noch unter den Tiefstkurs vom 3. Februar 2020 fielen.

Beim Shanghai Composite waren Höchstkurs und Tiefstkurs an den gleichen Tagen. Der maximale Kursverlust war hier 11,85 %. Am 5.3.2020 wurde ein neuer Höchstkurs knapp verfehlt.

Der Tiefstkurs in Höhe von 2.746 Punkten vom 03.02.2020, wurde am 23. März mit 2.660 Punkten klar unterboten.

Wie sollen denn die chinesischen Aktienbörsen boomen, wenn anderswo auf der Welt die Lieferketten unterbrochen sind? Zudem fehlte die Nachfrage aus Europa und den USA (z. B. wegen der Shutdowns).

Das wurde bei dem Börsenaufschwung bis zum 5. März übersehen. Wenn in Europa und in den USA die Anzahl der Neuinfizierten in dem gleichen Umfang wie in China zurückgehen, kann ein nachhaltigerer Börsenaufschwung gelingen. Weil China schon darauf wartet, die dann anziehende Nachfrage aus Europa und den USA bedienen zu können. Einen Impfstoff wird es dann wahrscheinlich immer noch nicht geben. Aber man dürfte dann mit der Entwicklung des Impfstoffes und den sich anschließenden Tests viel weiter sein als im März 2020. Das Licht am Ende des Tunnels ist dann deutlich größer.

Mit einer Verschiebung der Dividendenzahlung hält man sich die Option offen, letztendlich die Dividende zu streichen.

Hier einige Beispiele aus dem März 2020, welche Unternehmen Dividendenzahlungen streichen, kürzen oder aussetzen.

Die **Lufthansa** streicht die Dividende, um die Zahlungsfähigkeit des Unternehmens zu sichern.

MTU Aero Engines beabsichtigt keine Dividende auszuschütten.

RWE verschiebt seine Dividendenzahlungen.

HeidelbergCement verlegt die Dividendenauszahlung. Aber für das vergangene Geschäftsjahr soll die Dividende je Aktie um rund fünf Prozent auf 2,20 Euro erhöht werden.

BASF verschiebt die Dividendenauszahlung.

Die **Telekom** senkt die Dividende von 0,70 Euro je Stück auf 0,60 Euro je Stück ab. Damit rutscht die Dividende der Telekom auf ihr Mindestniveau.

Daimler will die Dividendenzahlungen verschieben. Zugleich will Daimler seine Dividende von 3,25 Euro auf 0,90 Euro je Aktie senken.

BMW kürzt die Dividende um 1 Euro von 3,50 Euro auf 2,50 Euro. Damit kürzt BMW die Dividende nicht so stark wie Daimler.

Covestro und **VW** wollen erstmal die weitere wirtschaftliche Entwicklung beobachten.

Bayer dagegen will wie geplant, 2,80 Euro pro Aktie überweisen. Geplanter Termin für die virtuelle Hauptversammlung ist der 28. April 2020.

Wie sich **SAP**, **Henkel** und **Beiersdorf** entscheiden, wird man sehen.

Siemens und **Infineon** spielen in diesem Kapitel keine Rolle, da deren Geschäftsjahr schon am 30. September 2019 beendet war. Daher haben die beiden Unternehmen ihre Dividenden bereits ausgeschüttet.

Nicht einmal während der Finanzkrise 2008/2009 kam es zu so vielen Dividendenkürzungen, Dividendenstreichungen und Aussetzungen von Dividenden.

Vor der Corona Krise wollten deutsche Unternehmen circa 45 Mrd. Euro als Dividenden ausschütten. Mal sehen, welcher Betrag dann insgesamt trotz Corona Krise ausgeschüttet wird. Ich würde aber keinem Unternehmen Staatshilfen gewähren, das in der Corona Krise Dividenden zahlt.

Am 30. März 2020 empfahl die EZB, den Banken im Euroraum, während der Corona-Pandemie keine Dividenden an ihre Aktionäre zu zahlen. Die Empfehlung gilt bis mindestens zum 1. Oktober 2020 und betrifft die Ausschüttungen für die Geschäftsjahre 2019 und 2020.

Die **Deutsche Bank** konnte damit nicht gemeint sein, da sie ohnehin nicht vorhatte, Dividendenzahlungen zu leisten.

Warum Dividenden für den DAX so wichtig sind

Bei Unternehmen, die die Dividende streichen, ist die Dividende kein Grund mehr Aktien von diesen Unternehmen zu kaufen.

Dividendenkürzungen und das Ausbleiben von Dividendenzahlungen sind schlecht für die Kursentwicklung von DAX und MDAX. Denn beide Börsenindices werden der Öffentlichkeit als Performanceindex (thesaurierend) präsentiert. Das bedeutet, dass Dividenden in den Kurs eingerechnet werden. Als ob sie reinvestiert worden wären.

Wie groß die Bedeutung der Dividenden für den DAX ist, lässt sich an diesem Beispiel zeigen:

Steht der DAX z. B. bei circa 11.650 Punkten, würde er ohne die einberechneten Dividenden nur bei circa 5.200 Punkten liegen.

In den Jahren 2019 und 2018 betrug das Kursplus beim DAX alleine wegen der Dividenden ungefähr 4 %.

Sie können sich selber ein Bild von der Bedeutung der Dividenden für DAX und MDAX machen.

Die Entwicklung des DAX als Kursindex (also ohne Dividenden) finden Sie z. B. hier.

- https://www.boerse.de/indizes/DAX-Kursindex-/DE0008467440

Die Entwicklung des MDAX als Kursindex (also ohne Dividenden) finden Sie z. B: hier.

- https://www.finanzen.net/index/mdax-kursindex/historisch

Ganz anders die Situation beim Dow Jones, beim S&P 500 und beim Nasdaq 100. Alle 3 Börsenindices werden der Öffentlichkeit als Kursindex präsentiert. Das bedeutet, dass Dividenden nicht Bestandteil von deren Kursen sind. Werden bei den Unternehmen, die in diesen 3 Börsenindices enthalten sind, Dividenden gestrichen oder ausgesetzt, findet insoweit ein Anstieg der Kurse unter den gleichen Bedingungen statt, wie vor dem Corona Crash.

Obwohl in den Kursen vom Dow Jones, vom S&P 500 und vom Nasdaq 100 keine Dividenden enthalten sind, entwickeln sich die Kurse vom Dow Jones, vom S&P 500 und vom Nasdaq 100 besser als der Kurs des DAX mit seinen Dividenden.

Hier ein Beispiel für den Zeitraum 2008 bis 2018.

Börsenindex	Jahresende 2008	Jahresende 2018	Anstieg in 10 Jahren
DAX	4.810	10.558	circa 219 %
MDAX	5.601	21.588	circa 385 %
EURO STOXX 50	2.451	3.001	circa 122 %
Dow Jones	8.776	23.327	circa 265 %
S&P 500	903	2.506	circa 277 %
Nasdaq 100	1.211	6.329	circa 522 %
Nikkei 225	8.716	20.014	circa 229 %

Tabelle 24 Die Kursentwicklung des DAX von 2008 bis 2018 im Vergleich zu anderen Börsenindices

Auf Grund dieser Zahlen könnte man daran denken, im Corona Crash ETFs zu kaufen, die den Dow Jones, den S&P 500 oder den Nasdaq 100 abbilden. Kurzfristig ist das Währungsrisiko wahrscheinlich überschaubar. Siehe auch die Kapitel „Das Währungsrisiko beim USD" und „Das Verhalten des US-Dollars im Corona Crash".

Peilen Sie allerdings die alten Höchststände bei den US-amerikanischen Börsenindices an, kann das Jahre dauern, bis diese Höchststände wieder erreicht werden.

Wie schon an anderer Stelle erwähnt, wird der US-Dollar mit dem Abflauen der Corona Krise als Krisenwährung an Bedeutung verlieren und damit der Euro stärker werden. Zudem hat die US-Regierung kein Interesse an einem starken Dollar.

Das Währungsrisiko wird also im Laufe der Zeit zunehmen und mit anwachsendem Zeitabstand immer unkalkulierbarer werden.

Ich würde keinem Unternehmen Staatshilfen gewähren, wenn es in solchen Zeiten Aktienrückkäufe tätigt. Die Unternehmen, die von dem Coronavirus betroffen sind, das sind wohl die meisten, werden ohnehin nicht an Aktienrückkäufe denken. Das Hochfahren der Produktion und die Ausweitung des Dienstleistungsangebotes werden im Vordergrund stehen.

Somit scheiden Aktienrückkäufe als Kurstreiber weitestgehend aus. Das ist noch schlimmer als Dividendenkürzungen, als das Aussetzen von Dividenden oder das Streichen von Dividenden. Da Aktienrückkäufe einen stärkeren Einfluss auf Börsenkurse haben als Dividenden.

Beispiel:

- Apple kaufte in den vergangenen 10 Jahren für mehr als 300 Milliarden eigene Aktien zurück. Die Zahl der Aktien hat sich dadurch seit 2015 um 20 % verringert. Der Aktienkurs von Apple stieg 2019 um 63 %, obwohl der Nettogewinn von Apple in 2019 im Vergleich zu 2018 in etwa gleichblieb.

Rund ein Drittel des Anstiegs des Gewinns pro Aktie in den USA soll vor dem Corona-Crash auf Aktienrückkäufe zurückzuführen sein.

Nach einer Studie des Vermögensverwalters La Financière de L'Equichier waren in den letzten 4 Jahren vor dem Jahr 2019 die größten Käufer, US-Unternehmen die ihre Aktien zurückkauften.

Insbesondere in den USA kam es hier zu Exzessen.

Beispiele:

- Laut Berichten anderer soll General Electric das 227-Fache seiner Gewinne in Aktienrückkäufe in den Jahren 2009 bis 2008 investiert haben.
- Boeing investierte 121 % seiner Gewinne in Aktienrückkäufe.
- Laut einer Studie von JP Morgan Chase sollen 30 % der US-Unternehmen Ihre Aktienrückkäufe mit Anleihen finanziert haben.

Dieser Irrsinn ist in Deutschland dank § 71 des Aktiengesetzes nicht möglich. Insbesondere § 71 Absatz 2 des Aktiengesetzes ist interessant. Dort ist eine Begrenzung auf 10 % des Grundkapitals in 5 Jahren verankert.

Das kann man natürlich umgehen, indem man z. B. wie Linde seinen Firmensitz nach Dublin verlegt, um dann anschließend 15 % der Aktien per Rückkauf zu vernichten.

In Zeiten der Corona Krise ist § 71 AktG eine sehr vernünftige Vorschrift. In Zeiten, in denen die Aktienbörsen boomen, kann man allerdings nicht den Aktienkurs des eigenen Unternehmens nach oben pushen, wie das z. B. Apple gemacht hat (siehe oben).

Am 24. März 2020 gab es diese Empfehlungen von der Bundesanstalt für Finanzdienstleistungsaufsicht (BAFIN):

Vor diesem Hintergrund und angesichts einer hohen Ungewissheit über die weiteren Entwicklungen empfiehlt die BaFin, von Aktienrückkäufen Abstand zu nehmen sowie Ausschüttungen von Dividenden, Gewinnen und Boni sorgfältig abzuwägen. „Wir raten Finanzinstituten, mit vorhandenen Kapitalressourcen sehr sorgfältig umzugehen", führt Hufeld [Präsident der BAFIN] aus.

Muster des Corona Crashs und Erkenntnisse

Geschichte wiederholt sich nicht, aber Sie reimt sich. An diesen Satz muss ich immer denken, wenn ich im Corona Crash nach Mustern suchte. Dabei gibt es für den Corona Crash keine historischen Vorbilder. Die SARS Pandemie war zu klein ausgefallen und die Börsenkurse waren zu dieser Zeit durch Ereignisse wie die Dotcom-Blase und zweiter Irakkrieg bereits verzerrt.

Wie ein Ertrinkender im Datenmeer suchte ich trotzdem nach Mustern. Wohl wissend, dass ich dabei Gefahr laufe, nur Muster zu erkennen, die ich bereits im Kopf hatte und nach deren Bestätigung ich dürstete. Zudem werden die Muster von Algorithmen für Kauf- und Verkaufsprogrammen vorgegeben, deren Programmierung ich nicht kenne. Man nennt das Algo-Trading.

In den USA liegt der Anteil des Algo-Tradings bei über 70 %.

Die New Yorker Börse (NYSE) stellte übrigens wegen der Corona-Pandemie ab dem 23.März 2020 voll auf elektronischen Handel um, um ihre Mitarbeiter zu schützen.

Muster sind deswegen interessant, weil man aus Ihnen – falls es denn welche gibt – aus Ihnen Erkenntnisse gewinnen kann. Aber auch ohne Muster zu erkennen, sind Erkenntnisse möglich.

Da wahrscheinlich viele Leser wissen möchte, welche Erkenntnisse man aus dem Corona Crash ziehen kann, will ich es trotzdem mal versuchen. Dabei weise ich auf einige Dinge hinweisen, die man als Muster bezeichnen könnte.

Bei einer Pandemie, bei der der die Zahl der Infizierten noch exponentiell steigt, ergibt es keinen Sinn bei Kursverlusten der Börsenindices von 10 bis 15 % Aktien „verbilligt" einzukaufen.

Solange in mehreren, der wichtigsten Wirtschaftsnationen die Zuwachsraten an Infizierten nicht abnehmen, sollte man keine Aktien kaufen. Dass es in China kaum noch neue Infizierte gab, reichte zur Beruhigung der Aktienbörsen in den USA und Europa nicht aus. Obwohl der Anteil von China am kaufkraftbereinigten, globalen Bruttoinlandsprodukt im Jahr 2019 immerhin 20,24 % betrug.

Die Maßnahmen der Notenbanken und Regierungen wirken nicht unmittelbar. Daher ergibt es keinen Sinn, nur wegen der Verkündung von Maßnahmen sofort Aktien zu kaufen. Selbst der Erhalt von Helikoptergeld benötigt einige Tage. Solange man noch seine Miete bezahlen kann, wird das Geld nur in seltenen Fällen sofort ausgegeben. Das Haus kann man zwar noch für Lebensmitteleinkäufe verlassen, aber 1.200 USD muss man in einem Supermarkt erstmal sinnvoll für Nahrungsmittelkäufe unterbringen. Da andere Arten des Konsums z. B. Restaurantbesuche, Reisen etc. nicht möglich sind, kommt diese Maßnahme letztendlich einer einseitigen Subvention von Supermarktketten und Onlinehändlern gleich.

Wie auch sonst an der Börse, werden Sie den Tiefpunkt des Corona Crashs nur mit viel Glück treffen. Steigen Sie bei einem Kursverlust eines Börsenindex von 40 % ein und brauchen Sie das Geld nicht bis die alten Höchststände wieder erreicht sind, dürfte es kein nennenswertes Problem sein, dass Sie nicht am Tiefpunkt investiert haben.

Am 12.3.2003 zog Dotcom-Blase in der Spitze beim DAX einen Kursverlust bis zu 72,7 % nach sich. Bei der Finanzkrise 2008/2009 war der negative Höhepunkt am 6.2.3009 mit einem Kursverlust von 54,6 % beim DAX erreicht. Diese Kursverluste sind höher als der beim Corona Crash bisher erreichte Kursverlust beim DAX von circa 38 % am 18.3.2020 mit einem Tagesendkurs 8441 Punkten.

Obwohl die maximalen prozentualen Kursverluste bei der Dotcom-Blase und der Finanzkrise 2008/2009 nicht miteinander verglichen werden können, ist beiden Aktiencrashs gemeinsam, dass der Kursverfall bei beiden Aktiencrashs in der Nähe des Buchwertes des DAX stoppte.

Auch beim Corona Crash sieht es bisher so aus, als ob die Kurse beim Buchwert des DAX ihren Boden finden können.

Am 16. März lag der DAX im Tagesverlauf mit 8.337 Punkten knapp über dem Buchwert des DAX von 8.100 Punkten.

Es wird interessant sein zu beobachten, ob der DAX nochmal in die Nähe seines Buchwertes gelangt oder sogar darunterfällt.

Zwischenerholungen bei den Kursen der Börsenindices wird es auch im Corona Crash geben.

Im Gegensatz zu einer allgemeinen Rezession sind bei einer Pandemie mögliche Gewinner unter den Unternehmen in einem Aktiencrash leichter zu identifizieren.

Die Anzahl der schlechten Nachrichten aus dem Wirtschaftsbereich wird zunehmen. Auch dann noch wahrscheinlich, wenn der Zuwachs an Infizierten sich bereits abgeflacht hat.

Dennoch kann es schon zu nennenswerten Kurserholungen kommen, wenn es gelungen ist, die Verbreitung des Coronavirus einzudämmen.

Ohne Massentests können lässt sich die Corona Krise nicht vernünftig steuern. Ohne Massentests kann der wirtschaftliche Schaden des Corona Virus nicht richtig kalkuliert werden. Würden Massentests durchgeführt werden, würde das die Börsen beruhigen, da ein großes Stück an

Unsicherheit durch die Testergebnisse wegfallen würde. Man wüsste dann, woran man ist.

Der offizielle Startschuss für Kurserholungen bei den Börsenindizes dürfte die Bekanntgabe eines wirksamen Impfstoffs sein.

Bei Behauptungen, dass ein gewisser Impfstoff wirksam sein soll, würde ich genauer recherchieren. Weichen die Aussagen der Politiker von denen der Mediziner ab, glauben Sie den Medizinern. Den Letztere stehen nicht zur Wiederwahl an. Ein erfolgreicher Test an 3 Affen ist nicht ausreichend.

Aktienspekulanten kaufen Aktien von Unternehmen, von denen angenommen wird, dass Sie einen Impfstoff entwickeln zu können, also noch keinen Impfstoff hergestellt haben. Das erscheint mir zu riskant. Das Unternehmen, dass dieses Rennen gewinnt, wird versuchen, zusammen mit Vertriebspartnern den Impfstoff weltweit zu vermarkten. Solange es keinen zweiten Impfstoff gibt, wird man wohl zulassen, dass dieses Unternehmen monopolartige Preise festlegen kann. Haben Sie Aktien von einen Impfstoffhersteller, der es doch nicht schafft, einen Impfstoff zu entwickeln oder der zu spät mit seinem Impfstoff in den Markt eintritt, wird die Aktie dieses Unternehmens nicht zu den Gewinnern gehören.

Dividenden und Aktienrückkäufe werden aber zunächst kaum zu den Kurserholungen der Börsenindices beitragen.

Dass der Staat sich sein Geld bei den Bürgern zurückholt, ist in Ordnung. Schließlich hat er zahlreiche Arbeitsplätze und Menschenleben gerettet. Allerdings sollte das dann so gemanagt werden, dass dann das zarte Konjunkturpflänzlein nicht gleich durch Steuer- und Abgabenhöhungen zertreten wird. Die Erhöhung von Steuern und Abgaben muss auf einen Zeitraum von 10 bis 20 Jahren gestreckt werden.

Zu dem Verhaltensmuster „Ruhe bewahren und keine Aktien verkaufen" siehe das Kapitel „Die Ruhe bewahren und keine Aktien verkaufen?".

Außerdem weiß ich jetzt, wie lange der Verbrauch von einem 8er-Paket Toilettenpapier dauert. Meine Prognose erwies sich als richtig, dass ich keine Hamsterkäufe für Toilettenpapier tätigen muss.

Der Verbrauch von Toilettenpapier ist übrigens von Land zu Land sehr unterschiedlich. In Deutschland verbraucht eine Person pro Jahr 15 Kilo Toilettenpapier, die Spanier benötigen nur die Hälfte, der Verbrauch der Schweden ist fast doppelt so hoch wie der Deutschen.

Die Rechnung von Vater Staat wird kommen

Der Staat kümmert sich wie ein Vater um seine Bürger Sie. Er pumpt irrsinnige Summen in den Wirtschaftskreislauf und in die Sozialsysteme.

Prognosen sind schwierig, besonders wenn sie die Zukunft betreffen. Aber da lege ich mich fest. Der Staat will so weit wie möglich sein Geld zurückhaben. Das geht am einfachsten, indem der Staat Steuern, Abgaben und Sozialversicherungsbeiträge erhöht. Da in Deutschland schon mal der Solidaritätszuschlag als Instrument benutzt worden ist, tippe ich auf eine Erhöhung des Solidaritätszuschlages oder einen neuen Solidaritätszuschlag.

Das lässt sich auch gut verkaufen. Solidarität mit Ihrem Handwerker, mit Ihrem Friseur, mit dem Kneipenbetreiber um die Ecke und mit Ihrer Putzfrau, die Sie wegen der Reduzierung der Sozialkontakte nicht mehr reingelassen hatten.

Wenn man dann noch darauf hinweist, dass der Corona Solidaritätszuschlag nur befristet erhoben wird, werden wohl die meisten Bürger mit dem Corona Solidaritätszuschlag einverstanden sein.

Allerdings sollte diesmal die Laufzeit des Solidaritätszuschlages seriös angegeben werden (10 bis 20 Jahre) und nicht wie bei dem alten

Solidaritätszuschlag, der 1991 angeblich nur für ein Jahr eingeführt werden sollte.

Anleihen und die Corona Krise

Zum Abschluss noch ein kurzer Blick auf den Tellerrand. Nach Berichten von Experten trocknen die Anleihemärkte noch schlimmer als während der Finanzkrise 2008/2009 aus. D.h. Sie finden kaum noch Käufer für die Anleihen in ihrem Depot. Das betrifft nicht nur Junk Bonds. Die Risikoaufschläge für nachrangige Bankanleihen haben sich in nur 3 Wochen fast verdreifacht. Teilweise gibt es überhaupt keine Kurse mehr. Für eine Anleihe der Lufthansa – immerhin ein Unternehmen im DAX – gab es zeitweise keine Kurse. Selbst der Umsatz mit US-Staatsanleihen ist teilweise bis zu 90 % eingebrochen. Bei Mittelstandsanleihen, die vor dem Corona Crash bei 100 % notierten, werden zu einem Kurs von 50 % gehandelt. Dabei stellt sich die Frage, was für eine Art von Handel das ist. Gibt es im Extremfall nur 1 Käufer und der bietet nur 20 % für eine Anleihe, stehen diese 20 % im Raum. Findet er einen Verkäufer, der das Geld dringend braucht und erhält er zum Fälligkeitstermin 100 %, hat er prozentual mehr verdient, als bisher an den Aktienbörsen möglich war. In dem Fall wäre dann Cash doch King. Denn bei der Anleihe steht der Fälligkeitstermin fest, während bei Aktien und Börsenindices unklar ist, wann die wieder bei 100 % sind.

Auch wenn dieses Beispiel etwas konstruiert erscheinen mag, bestehen erhebliche Zweifel, das im Corona Crash Anleihen die bessere Anlageart als Aktien sind.

Programme für Aktien und andere Wertpapiere

Programme für Aktien und andere Wertpapiere werden hier vorgestellt.

- http://www.itdoor.lu/software-fuer-aktien/

Mit über 280 Screenshots werden hier 3 kostenlose und 8 kostenpflichtige Programme vorgestellt.

Literaturempfehlungen

Aktienspekulationen: Unsicherheiten in den Griff bekommen Ein Buch auch für Kleinanleger. Mit über 80 Beispielen und über 30 Tabellen.

E-Book Distributoren, E-Book Shops, E-Book Themen. Eine Entscheidungshilfe mit 90 Abbildungen und mit über 500 weiterführenden Links.

Jeder kann ein E-Book erstellen. Jeder kann ohne Programmierkenntnisse mit Jutoh ein E-Book erstellen. Mit über 550 Abbildungen und praktischen Beispielen.

Automatisiert Fehler im Text entdecken. Automatisiert Fehler im Text entdecken und korrigieren. Mit praktischen Beispielen und über 90 Abbildungen.

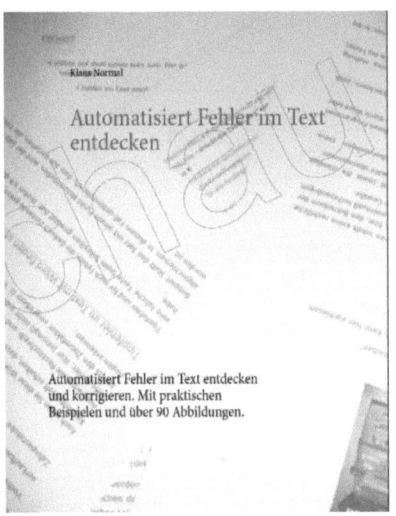

Haftungsausschlüsse

Soweit das Buch Links zu Webseiten Dritter enthält, wird für deren Inhalt keine rechtliche Verantwortung übernommen. Diese liegt allein bei den Anbietern, bzw. den Betreibern der betreffenden Seiten. Hiermit distanziere ich mich ausdrücklich von eventuell rechtswidrigen Inhalten aller verlinkten Seiten und übernehme hierfür auch keinerlei Gewähr.

Für die fortlaufende Richtigkeit, Vollständigkeit, Aktualität, Qualität sowie die ständige Verfügbarkeit der Links zu den genannten Webseiten wird keinerlei Gewähr übernommen.

Für Preisangaben und andere Konditionen wird keine Haftung übernommen. Diese Informationen können jederzeit geändert werden.

Für die Qualität der Bilder bzw. Abbildungen im Buch wird auch keine Haftung übernommen. In der dem Buch zu Grunde liegenden PDF-Datei sahen die Bilder in Ordnung aus.

Für Angaben über Aktienkurse, Kurse von Börsenindices, Statistiken etc. wird keine Haftung übernommen. Soweit sich das Buch auf Studien/Untersuchungen bezieht, wird für deren Richtigkeit und Vollständigkeit keine Haftung übernommen. Falls Anlageentscheidungen auf Grund dieses Buches getroffen werden, ist für den Erfolg oder Misserfolg dieser Anlageentscheidungen die Anlegerin oder der Anleger alleine verantwortlich. Folgerichtig gibt es in diesem Buch auch keine konkreten Empfehlungen für eine bestimmte Aktie oder einen bestimmten ETF oder ein bestimmtes Indexzertifikat.

It-Door SARL übernimmt keine Gewähr für die Aktualität, Korrektheit, Vollständigkeit oder Qualität der bereitgestellten Informationen. Haftungsansprüche gegen It-Door SARL, welche sich auf Schäden materieller oder ideeller Art beziehen, die durch die Nutzung oder Nichtnutzung der dargebotenen Informationen bzw. durch die Nutzung fehlerhafter und unvollständiger Informationen verursacht wurden, sind grundsätzlich ausgeschlossen.

Impressum und Copyright

Bibliografische Information der Deutschen Nationalbibliothek:

Die Deutsche Nationalbibliothek verzeichnet diese Publikation in der Deutschen Nationalbibliografie; detaillierte bibliografische Daten sind im Internet über http://dnb.dnb.de abrufbar.

© 1. Auflage 2020 It-Door SARL, 14 rue Hiehl, L-5415 Canach

Webpage: http://www.itdoor.lu/

Herstellung und Verlag: BoD – Books on Demand, Norderstedt

ISBN: 978-3-7504-3499-8